Docteur Raymond Abrezol

Réussir !

Vaincre par la sophrologie

Editions Vivez Soleil

La cassette audio, enregistrée par le
Docteur Raymond Abrezol,
"LA RÉUSSITE PAR LA SOPHROLOGIE"
est un heureux complément de cet ouvrage.

Dessin de couverture : Serge Berthault
Maquettiste : Patrick Leroy
Photocomposition : Roger Chappellu

2ème édition : 1993

ISBN : 2-88058-073-0

Introduction de l'Editeur

De très nombreux élèves du docteur Abrezol se réjouissent de pouvoir continuer à progresser avec lui grâce à ce nouveau livre conçu dans l'esprit de *Vaincre par la sophrologie*. Il en constitue le prolongement en proposant d'autres applications de la sophrologie. Pour la commodité, l'Auteur emploie parfois les dénominations « tome 1 » et « tome 2 ». Toutefois, le présent ouvrage peut être lu et utilisé de façon tout à fait indépendante.

Au fil des années, la sophrologie se développe comme une pièce maîtresse sur l'échiquier de la santé holistique. Le docteur Abrezol s'entend particulièrement bien à démontrer l'importance du rôle qu'elle peut jouer.

Aux Editions Vivez Soleil, nous tenons à souligner combien nous apprécions le non-sectarisme de son enseignement, qui revêt en outre une très grande valeur pratique. Avec les exercices proposés dans ce livre, il vous donne le goût d'agir vous-même pour avancer toujours plus sur le chemin du bien-être et de la santé.

Les Editions Vivez Soleil

Table des matières

Préface du Docteur Roland Cahen

«Vaincre par la sophrologie» !

Le Docteur Raymond ABREZOL m'avait demandé d'exprimer dans une postface ma réaction au premier volume de son ouvrage. C'est ainsi qu'est née une réflexion-programme : la Sophrologie entre son fini et son infini ! Et voilà qu'il me demande d'en préfacer le second volume.

Après l'avoir étudié avec soin et m'en être moi-même enrichi, je le fais avec un très grand plaisir.

Car ce second volume tient toutes les promesses du premier en proposant au lecteur toute une panoplie d'exercices simples et merveilleusement efficaces.

Chaque lecteur pourra y trouver l'art et la manière d'une détente positive, constructive, à sa portée, et il pourra réaliser cette profonde détente comme sur mesure, en fonction de sa nature propre, de ses problèmes personnels, de ses soucis, éventuellement de ses symptômes, en tout cas de ses projets et de ses élans.

Il n'est pas un domaine de l'humain, pas un dilemme de la vie, pas un trouble ou une maladie fonctionnelle qui soit oublié.

Chacun pourra donc trouver dans cet ouvrage, en fonction de son être profond et de sa problématique personnelle, un guide sûr et responsable.

***

Ce qui nous a rapproché, Abrezol et moi, depuis plus de vingt ans, alors que nous venions d'horizons médicaux différents, lui de la stomatologie, moi de la neuropsychiatrie et de la psychanalyse, c'est un égal souci de la prévention des maladies, dès l'instant en particulier où nous les savions partiellement causées par l'ignorance, l'incompréhension des choses humaines, voire le refus et la bêtise en face d'un siècle de psychologie des profondeurs.

Nous avons compris l'un et l'autre, d'abord séparément puis ensemble, qu'il fallait remédier à une gestion trop stérile et trop archaïque, voire trop unilatérale des dynamismes mentaux, idéatifs et émotionnels, et redonner toute sa place à la vérité, celle du corps, de l'esprit, du coeur et de l'âme. Ainsi, notre rencontre fut celle de la Sophrologie et de l'Analyse. Chacune de ces disciplines, jusqu'alors séparées, a été dès lors fécondée et fructifiée par l'apport et la richesse de l'autre. Notre amitié a donc quelque chose d'exemplaire et de paradigmatique et résume tout un programme essentiel auquel personne en vérité — qu'il le veuille ou non — ne pourra à la longue échapper.

***

Le Docteur Abrezol est un personnage hors du commun : animé par une énergie et une force de travail rares, par une manière de feu sacré qui examine et dépasse tous les scepticismes. Il est incontestablement une des personnalités les plus inventives, créatrices et entraînantes de la pensée psychologique de pointe.

Confronté à l'inconscient à travers notre rencontre, au lieu de tenter désespérément de lui tourner le dos — comme le font beaucoup si sottement, niant même les évidences — il en accepte toutes les richesses, toutes les potentialités et toutes les conséquences, pacifiantes aussi.

Il se mit à son étude, entreprit l'apprentissage et le travail analytique nécessaires et enrichit dès lors la Sophrologie de tous les apports découverts en chemin.

La sophrologie, en effet, avec sa merveilleuse approche du corps et de l'esprit conscient est aussi, en fait, une mise en perce de ce tonneau inconscient que chacun porte en lui et d'où monte ce qui l'anime, comme l'essence qui fait tourner le moteur.

Une sophrologie sans inconscient serait donc — n'en déplaise à certains — comme un cadre trop vide, une terre sans semence, une oasis privée de sources.

La conscience peut et doit, certes, se cultiver, se gymnastiquer, se différencier à son niveau, mais elle ne peut en vérité s'élargir, s'approfondir et s'enrichir que par l'accueil de ses couches sous-jacentes et par le jaillissement de ses sources profondes.

Toutes ces réflexions ont donné lieu à beaucoup de tensions, à des débats passionnés et passionnants qui eurent lieu entre les protagonistes des diverses approches et singulièrement entre Caycedo et moi.

Les idées depuis vingt ans ont fait leur chemin. Abrezol a très tôt fait la synthèse nécessaire et son ouvrage fait le point et rend justice de toutes ces réflexions dont le lecteur sera le grand bénéficiaire.

Car Abrezol, avec une générosité entière et un désintéressement total, lui fait don de tous les fruits de sa grande expérience et de toutes les ressources d'une sophrologie mise en oeuvre intelligemment.

Tous les exercices proposés, avec une apparente facilité, voire même avec légèreté et virtuosité, sont tous en fait le fruit d'une longue expérimentation clinique, de beaucoup d'études et de réflexions. Ce ne sont jamais « des petits trucs » superficiels et aléatoires. Car dès que l'on pénètre dans cette dimension de l'humain, c'est chaque fois tout l'être psychique et physique qui est concerné.

Dès lors, chaque exercice est marqué du sceau de l'équilibre, tenant compte, je le répète, du corps, de l'esprit, du coeur, du conscient et de l'inconscient et aussi, loyalement, des limites de la démarche proposée.

Prévenir plutôt que guérir, guérir si on n'a pas su prévenir, le lecteur ne saurait trouver dans l'agitation et la jungle d'une modernité aux abois de meilleur guide qu'en se laissant prendre par la main par le Docteur Raymond Abrezol.

Docteur Roland Cahen, Paris

Préface de l'Auteur

Le livre *Vaincre par la sophrologie* a eu et a encore beaucoup de succès, parce que son contenu est essentiellement pratique et tout de suite utilisable. Il ne couvre, cependant, qu'une partie des possibilités d'application de la sophrologie.

A la demande de nombreuses personnes, j'ai accepté de rédiger ce second volume, contenant d'autres exercices et applications pratiques complémentaires.

Je conseille au lecteur d'apprendre pour commencer la **respiration** correcte (présentée dans le tome 1 - page 48 à 60 et reproduite en annexe dans ce tome 2), ainsi que la **sophronisation de base** (chapitre I de ce livre).

Une fois ces deux éléments bien maîtrisés, vous pourrez alors passer à ce que l'on nomme l'activation intrasophronique, c'est-à-dire à une action préventive ou autothérapeutique. Pour chaque thème, vous pouvez enregistrer une cassette avec votre propre voix.

Un glossaire des termes spécialisés, suivis dans le texte d'un astérisque, est inséré à la fin du livre.

Docteur Raymond Abrezol

CHAPITRE I

Sophronisation de base

Voici le texte que je vous propose d'enregistrer avec votre voix, puis d'écouter régulièrement jusqu'à ce qu'un certain automatisme soit acquis. Ensuite, vous pourrez faire l'exercice mentalement et y ajouter progressivement les formulations d'activations intra-sophroniques.

Le chemin est le suivant (schéma 1) : Détente physique, détente psychique, ouverture des yeux. *La phase de reprise* est essentielle, elle *doit être faite systématiquement et lentement* à la fin de tous les exercices.

Je vous rappelle que le niveau sophroliminal est un moment privilégié, où la pensée a une action directe sur la programmation mentale inconsciente. Les ondes cérébrales qui le caractérisent sont des ondes thêta entre la veille et le sommeil (schéma 2).

A = point de départ lors de la sophronisation de base pour la majorité des gens souffrant d'une maladie fonctionnelle quelconque (maladies névrotiques, psychogéniques ou psychosomatiques).

A' = Point d'arrivée après la sophronisation de base.

Ce schéma montre comment, par une pratique régulière de la simple sophronisation de base (S.B.), petit à petit, les symptômes peuvent disparaître, le « patient » se glissant dans la conscience ordinaire. S'il se trouve déjà dans cet état de conscience au début de son entraînement, il va se

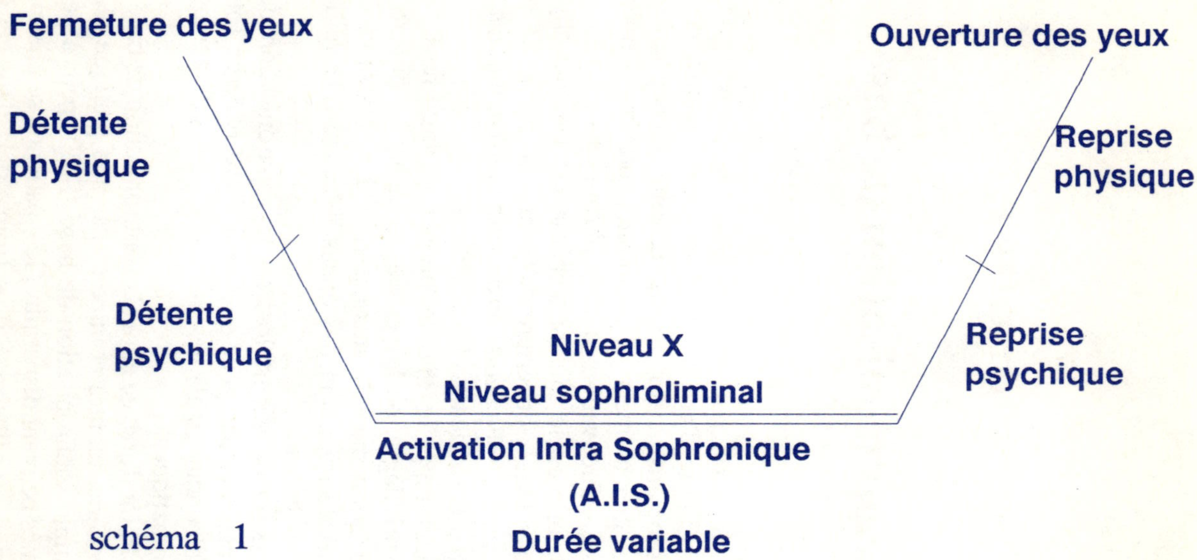

Fermeture des yeux
Détente physique
Détente psychique
Niveau X
Niveau sophroliminal
Activation Intra Sophronique
(A.I.S.)
Durée variable
Reprise psychique
Reprise physique
Ouverture des yeux

schéma 1

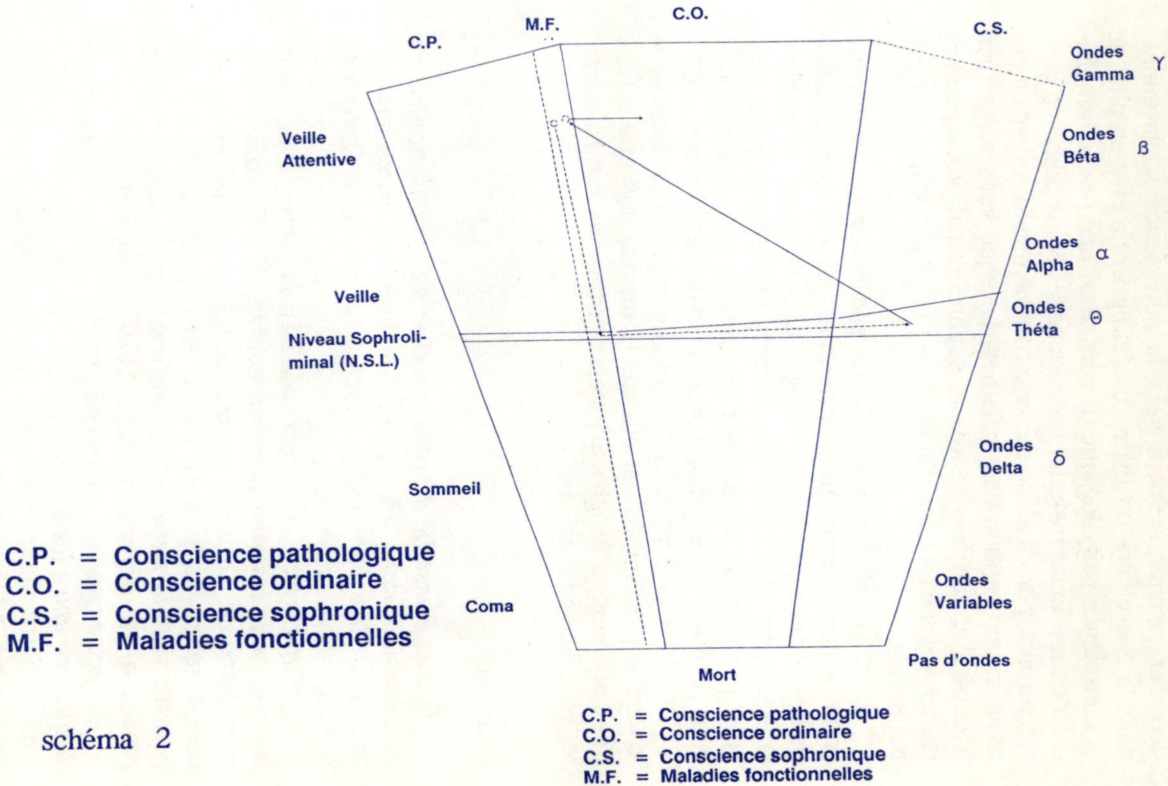
C.P.
M.F.
C.O.
C.S.
Ondes Gamma γ
Ondes Béta β
Ondes Alpha α
Ondes Théta θ
Ondes Delta δ
Ondes Variables
Pas d'ondes
Veille Attentive
Veille
Niveau Sophroliminal (N.S.L.)
Sommeil
Coma
Mort
C.P. = Conscience pathologique
C.O. = Conscience ordinaire
C.S. = Conscience sophronique
M.F. = Maladies fonctionnelles
C.P. = Conscience pathologique
C.O. = Conscience ordinaire
C.S. = Conscience sophronique
M.F. = Maladies fonctionnelles

schéma 2

déplacer progressivement vers la conscience sophronique, dans la conscience ordinaire, et s'éloigner de plus en plus de la conscience pathologique. Il aura ainsi une protection efficace contre toute maladie fonctionnelle. Nous pouvons considérer la sophronisation de base comme une excellente technique de prévention des maladies. Lorsque vous serez bien habitué à entrer dans le niveau sophroliminal, vous pourrez passer à des exercices d'activation intrasophronique dans un but précis.

Il est possible que vous vous endormiez pendant votre entraînement. Le niveau sophroliminal est « au bord du sommeil » comme pendant la séance. Cependant, il est souhaitable d'apprendre à garder une certaine vigilance, pour pouvoir, par la suite, faire vos formulations personnelles ou si vous préférez, la programmation mentale de votre cerveau.

La phase de reprise est essentielle (schéma 1); lorsque le niveau sophroliminal est atteint, la reprise doit être refaite très lentement et progressivement; surtout, *ne jamais ouvrir les yeux immédiatement*.

Pratique

Je vous conseille de vous installer aussi confortablement que possible dans un fauteuil, de brancher votre enregistreur et de lire d'une voix monocorde et régulière, lentement, le texte qui va suivre.

Lorsque vous écouterez votre voix enregistrée, vous pourrez vous installer ainsi ou couché, le plus confortablement possible. La position est la même pour tous les exercices statiques. La posture idéale est couché sur le dos, un coussin sous la nuque, un autre sous les genoux, les mains posées sur le bas-ventre. Dans cette position, l'angle entre les divers segments du corps est de 130° environ, angle d'équilibre entre les muscles fléchisseurs et extenseurs, idéal pour une excellente relaxation. Au coeur de la séance, vous serez peut-être envahi de pensées parasites. Cela est tout à fait normal au début, n'y attachez pas d'importance, elles disparaîtront spontanément avec l'entraînement.

Voici le texte à lire, laissez un temps libre :

[Je m'installe aussi confortablement que possible, après m'être assuré de ne pas être dérangé pendant environ dix minutes, ni par le téléphone, ni par d'autres bruits. Je ferme doucement les yeux. Cette fermeture me permet peu à peu de pénétrer dans mon monde intérieur et de devenir conscient de moi-même... J'essaie de faire abstraction du monde extérieur... Je détends les muscles de mon front, je relâche mes joues et mes muscles autour de mes yeux... je laisse aller mes lèvres et mon menton... J'apprécie l'instant ici et maintenant. Je laisse entrer en moi le calme et la paix... je laisse aller ma nuque et mon cou... Je prends entièrement conscience de ma tête.. Dans ma tête se trouve l'organe principal de mon être, mon cerveau. J'essaie de le détendre comme s'il s'agissait d'un muscle. Je le détends totalement et en prends conscience... Je laisse tomber mes épaules et laisse aller parfaitement mes bras, mes avant-bras, mes mains et mes doigts... Lorsqu'ils se relâchent, je peux les sentir devenir lourds ou légers ou éventuellement avoir une autre sensation... Je laisse mon dos se détendre complètement, tous les muscles de mon dos. J'ai peu à peu l'impression de m'enfoncer dans mes points d'appui et de devenir plus présent à moi-même... Je deviens plus conscient de la vie en moi... Le monde extérieur s'efface de plus en plus. Je détends mon thorax et laisse mes bronches s'ouvrir à l'air que je respire. J'ai l'impression de devenir ma propre respiration, de devenir l'air que je respire. Tout mon corps respire... Je relaxe mon ventre et tout son contenu... J'essaie de détendre tous les organes creux de mon abdomen qui sont entourés de muscles comme mon estomac, mon tube digestif, tous mes vaisseaux sanguins, mon système génital interne... Je laisse aller mes fesses, mes cuisses, mes mollets, mes pieds jusqu'au bout des orteils. Comme mes bras, je laisse mes jambes devenir lourdes ou légères ou avoir une autre sensation... Je suis parfaitement calme et détendu... Je suis présent ici et maintenant à moi-même. Je reste dans cette situation privilégiée pendant le temps que je désire... Si je le veux, je peux encore approfondir ma détente en ne pensant qu'à ma respiration qui se fait spontanément par le ventre... Je me prépare maintenant à ma reprise. Je prends conscience de l'endroit où je suis. Les yeux fermés, j'imagine l'environnement... Je vais progressivement laisser revenir l'énergie en moi, la force, la vitalité... je peux bouger mes orteils et remuer légèrement les doigts pour reprendre en main mon schéma corporel*... Je bouge un peu mes jambes et mes bras, je laisse revenir la force dans mon ventre et dans mon thorax... Ma respiration se fait plus ample. Je contracte les muscles de mon visage en faisant quelques grimaces. Je m'étire à fond comme un chat qui s'éveille... Je respire complètement en remplissant d'air mon ventre, mon thorax et mes épaules. J'expire lentement et enfin doucement j'ouvre les yeux.]

Pendant l'enregistrement, après chaque phrase, je vous conseille de laisser un moment de silence pour que la détente puisse s'installer. Pour obtenir un bon résultat, il ne faut rien vouloir. Il faut simplement « laisser faire ». Evitez de porter un jugement sur ce que vous faites, ne cherchez pas à analyser, à rationaliser.

Quand vous serez bien entraîné, vous pourrez ajouter, à la fin de la séance, une technique de méditation pour maintenir votre conscience éveillée. Pensez à l'inspiration « Ham » et à l'expiration « Sha » signifiant en sanscrit « je suis cela ». Ce mantra vous permettra de maintenir le niveau sophroliminal lors de votre entraînement de base.*

Maintenant c'est à vous de jouer. Entraînez-vous régulièrement. Une séance dure environ dix minutes. Peu à peu, vous pourrez vous passer de la cassette et faire vos exercices uniquement mentalement. Plus tard, vous pourrez essayer de pratiquer l'exercice debout ou dans n'importe quelle position. A partir d'un certain degré d'entraînement, vous pourrez faire les exercices avec les yeux ouverts. Vous arriverez progressivement à créer un réflexe conditionné de détente immédiate, chaque fois que vous en sentirez le besoin. Presque toutes les méthodes que nous allons apprendre dans ce livre commencent par une sophronisation de base, même les techniques dynamiques, qui se pratiquent le plus souvent debout.

CHAPITRE II

Exercices respiratoires

Divers exercices respiratoires sont décrits en détail dans le premier tome, page 48 et suivantes, et reproduits en annexe de cet ouvrage. Nous n'y reviendrons donc pas. Souvenez-vous de la règle fondamentale et respirez sans cesse par le ventre, sauf pendant un effort ou un exercice respiratoire. La respiration abdominale constante est la clé d'une bonne santé. Pratiquez régulièrement des exercices de respiration totale, commencez toujours par une expiration forcée.

Exercice 1

[Couchez-vous sur le dos par terre. Fermez vos yeux et détendez-vous rapidement le plus possible. Poussez un profond soupir et, à la fin de l'expiration, comptez à haute voix tout en continuant à expirer jusqu'à ce qu'il ne vous soit plus possible de compter. A ce moment vous pouvez considérer que vos poumons sont entièrement vides. Vous pouvez maintenant inspirer lentement, ventre-torax-épaules, comme vous l'avez appris dans le premier livre. Gardez vos poumons pleins le plus longtemps possible, puis expirez lentement; en fin d'expiration, recommencez à compter jusqu'à ce que vos poumons soient totalement vides. Reprenez ensuite votre respiration normale.]

Cet exercice est excellent pour prévenir l'emphysème, ainsi que pour traiter l'asthme. Je vous conseille de le faire plusieurs fois par jour.*

Exercice 2

[Asseyez-vous sur une chaise. Fermez les yeux et concentrez-vous uniquement sur votre respiration. Imaginez l'air qui entre dans votre nez et passe ensuite dans vos poumons. De là, regardez l'oxygène qui est transporté par votre sang et qui va nourrir toutes vos cellules. Laissez-vous respirer par tout votre corps. Laissez-vous devenir votre respiration. Laissez-vous devenir l'air que vous respirez. Appréciez cette situation pendant quelques instants... Expirez complètement en comptant, puis remplissez les trois étages de vos poumons. Gardez l'air et, sans respirer, tournez la tête lentement à gauche et à droite en bloquant vos poumons pleins le plus longtemps possible. Expirez ensuite lentement, en vidant d'abord vos épaules, puis votre thorax et enfin votre ventre. Comptez, videz tout. Faites le même exercice trois fois de suite en respectant toujours vos possibilités.]

Cet exercice est très puissant et provoque une augmentation considérable de l'oxygénation de votre cerveau. Il est souvent accompagné de sensations de vertige. Avec l'entraînement, cette sensation disparaît progressivement. Dès ce moment, vous pouvez commencer à faire le même exercice debout, en position orthostatique. En pratiquant ces exercices respiratoires, vous développez votre capacité pulmonaire.*

Exercice 3

[Couchez-vous sur le dos, par terre ou sur votre lit. Ne pratiquez pas cet exercice si vous avez un problème d'hypertension artérielle. En revanche, il est très utile dans le cas contraire. Fermez vos yeux et portez votre attention sur votre respiration uniquement. Relaxez-vous. Expirez totalement en comptant, puis remplissez entièrement vos poumons. Bloquez votre respiration et tendez progressivement tout votre corps, tous vos muscles. Gardez cette tension le plus longtemps possible, puis expirez brusquement par le nez. Reprenez votre souffle pendant au moins deux minutes, tout en vivant les yeux fermés tous les messages de votre corps. Faites cet exercice trois fois de suite. Après la troisième fois, appréciez la relaxation de tout votre corps. Pensez ensuite à quelque chose qui vous tient à coeur et que vous aimeriez bien réussir. Imaginez que vos désirs deviennent une réalité objective qui se passe *ici et maintenant.*]

En pratiquant régulièrement ce genre d'exercice, vous améliorez votre conscience corporelle et votre capacité de programmation positive de votre cerveau.

L'exercice suivant, plus complexe, a le même but.

Exercice 4

[Prenez la même position que pour l'exercice précédent et commencez de la même manière. Une fois vos poumons pleins, gardez l'air et pédalez avec vos jambes et avec vos bras le plus longtemps possible. En même temps, tournez votre tête à gauche et à droite. Quand il ne vous est plus possible de retenir l'air, expirez violemment par votre nez. Laissez au moins deux minutes de récupération avant de recommencer une seconde et éventuellement une troisième fois. Vivez à nouveau votre corps, les manifestations de la vie en vous et programmez-vous positivement pour votre avenir. Essayez de voir tous les détails de votre réussite. Prenez votre temps... Lorsque vous avez terminé, étirez-vous à fond, respirez bien et ouvrez les yeux.]

Exercice 5

Voici un autre exercice que je vous conseille de faire confortablement assis sur une chaise.

[Fermez vos yeux et respirez tranquillement par le ventre en devenant de plus en plus conscient de votre fonction vitale. Sentez l'air qui entre dans vos narines, prenez conscience de sa température et de son odeur. Réalisez la différence lorsque vous expirez. Bouchez votre narine droite avec le pouce de votre main gauche. Respirez uniquement avec la narine gauche lentement et totalement en utilisant le ventre, le thorax et les épaules. Imaginez que l'air passe directement dans votre cerveau gauche et que vous respirez avec cet hémisphère. Faites cet exercice pendant au moins une minute... Bouchez maintenant votre narine droite. Sentez le passage de l'air sur la muqueuse nasale droite, sentez l'odeur et la température de l'air à l'inspiration et à l'expiration. Laissez monter l'air dans votre cerveau droit. Respirez avec votre hémisphère droit... Faites cela pendant une minute... Tout en gardant la respiration lente et totale, inspirez en bouchant la narine droite et expirez en bouchant la narine gauche. Faites passer l'air à travers votre cerveau de gauche à droite... Faites ensuite le même exercice en sens inverse... Sans boucher vos narines respirez par tout votre cerveau. Imaginez que votre cerveau respire comme vos poumons. A l'inspiration pensez à une qualité que vous voudriez acquérir et à l'expiration à un défaut dont vous désirez vous débarrasser. Faites cet exercice pendant plusieurs minutes...

Laissez-vous aller à la détente et essayez pendant quelques instants de ne plus penser, de faire le vide mental... Lorsque vous avez terminé, étirez-vous copieusement, respirez à fond plusieurs fois de suite et ouvrez doucement les yeux.]

Exercice 6

Passons maintenant à un autre exercice respiratoire.

Mettez-vous debout, de préférence à côté de votre lit ou devant une chaise. Si nous n'avez pas encore l'habitude de faire de tels exercices, un petit malaise peut arriver en cours de pratique; dans un tel cas, n'hésitez pas soit à vous cou-

cher, soit à vous asseoir. Tous ces exercices peuvent être faits séparément ou à la suite les uns des autres, sans ordre déterminé. Procédez selon vos propres impulsions. Je vous recommande cependant de pratiquer régulièrement. L'oxygène est, avec le glucose, l'aliment principal du cerveau. Plus vous ferez d'exercices respiratoires, plus vous serez capable d'améliorer vos performances intellectuelles et physiques.

[Fermez vos yeux et détendez-vous progressivement de la tête aux pieds. Prenez conscience de la position verticale de votre corps entre ciel et terre. Sentez le poids qui repose sous la plante des pieds. Laissez-vous petit à petit entrer dans votre respiration. Isolez-vous du monde extérieur et plongez dans votre univers intérieur. Partez à la découverte de votre corps. Vous ne respirez que par le ventre. A l'inspiration, votre ventre se gonfle comme un ballon, à l'expiration il se vide. Essayez d'accélérer progressivement votre rythme respiratoire abdominal. Allez de plus en plus vite. A un moment donné, vous allez sentir une légère douleur soit au bas du dos, soit dans le ventre. A ce moment, reprenez votre rythme respiratoire habituel pendant quelques instants. Recommencez le même exercice trois fois de suite. Si vous éprouvez le moindre des malaises, asseyez-vous ou couchez-vous. Gardez les yeux fermés. L'exercice terminé, prenez mieux conscience de votre respiration abdominale et de vos fonctions vitales.

Imaginez le monde autour de vous, l'endroit où vous êtes. Représentez-vous un être aimé, pensez fortement à lui, communiquez-lui votre amour... Sentez tout l'amour que vous avez en vous et que vous êtes capable de distribuer aux autres... Prenez votre temps. Revenez progressivement à la réalité *ici et maintenant*. Reprenez en main votre schéma corporel. Bougez vos orteils, vos doigts, faites quelques mouvements avec votre visage, étirez-vous copieusement, faites une respiration totale et enfin, doucement, ouvrez les yeux avec un grand sourire à la vie.]

Exercice 7

Voici un autre exercice respiratoire que je vous conseille de faire couché sur le dos, sur votre lit. C'est un excellent exercice de maîtrise du souffle, qui demande un entraînement progressif.

[Installez-vous confortablement, faites votre sophronisation de base pour être complètement relaxé.

Portez toute votre attention sur votre respiration abdominale. Sentez l'air qui entre et sort de vos poumons régulièrement. Ralentissez votre respiration, tout en l'amplifiant. Laissez-la devenir totale; remplissez le ventre, puis le thorax et les épaules, retenez l'air poumons pleins en fin d'inspiration, puis en fin d'expiration restez les poumons vides. Comptez mentalement les secondes. Essayez d'inspirer en cinq secondes, gardez les poumons pleins vingt secondes, puis expirez lentement en dix secondes, gardez les poumons vides dix secondes. Faites cet exercice trois fois de suite, en reprenant votre respiration normale pendant quelques instants entre chaque exercice.]

Une fois ce rythme 1-4-2-2 acquis (un temps d'inspiration, quatre temps de rétention poumons pleins, deux temps d'expiration, deux temps poumons vides), au bout de quelques jours d'entraînement, vous pourrez augmenter progressivement le temps de rétention poumons vides pour atteindre la même durée que le temps de rétention poumons pleins, soit : 5 secondes, 20 secondes, 10 secondes, 20 secondes.

En poursuivant votre entraînement, vous pouvez progressivement modifier le rythme.

inspiration	**rétention plein**	**expiration**	**rétention vide**
6 secondes	24 secondes	12 secondes	24 secondes
7 secondes	28 secondes	14 secondes	28 secondes
8 secondes	32 secondes	16 secondes	32 secondes
9 secondes	36 secondes	18 secondes	36 secondes
etc.			

Après plusieurs années d'entraînement, certaines personnes arrivent au temps de 16 secondes à l'inspiration, 64 poumons pleins, 32 secondes à l'expiration et 64 secondes rétention poumons vides. La phase la plus difficile est de garder les poumons vides. Si vous avez des difficultés au début, c'est tout à fait normal, persistez, vous y arriverez. Si vous souffrez d'hypertension artérielle, vous devez éviter de garder les poumons vides trop longtemps. Dans ce cas, contentez-vous des trois premières phases de l'exercice et ne gardez pas les poumons vides.

Ces exercices favorisent fortement la modification de votre état de conscience. La rétention poumons pleins provoque une alcalose du sang, alors que la rétention poumons vides produit une acidose. L'alternance alcalose-acidose crée une altération chimique au niveau du cerveau qui provoque une modification de l'état et du niveau de la conscience. Lorsque vous pratiquez ces exercices, n'oubliez pas de commencer toujours par une expiration totale. La respiration contrôlée facilite l'atteinte de l'état sophronique. Chaque exercice peut être fait séparément et a une valeur en soi. Je vous conseille cependant, lorsque vous aurez une bonne maîtrise de chacun d'entre eux, d'en faire plusieurs de suite dans l'ordre qui convient.

Exercice 8

[Mettez-vous debout et regardez un point fixe devant vous. Portez toute votre attention sur ce point. Il n'y a peu à peu plus que lui qui existe. Cette fixation va produire une certaine fatigue du regard. Laissez les choses se faire. Remarquez que pendant cette fixation votre corps se relâche spontanément; votre respiration se calme et devient régulière et abdominale. Vous allez vous sentir l'envie de fermer vos yeux; si c'est le cas, laissez les choses se faire le plus naturellement possible. Une fois les yeux fermés, laissez votre écran mental se remplir d'une image agréable, par exemple un paysage ou un objet aimé. Prenez bien conscience de votre corps debout, du poids du corps sous la plante de vos pieds. Vous êtes comme suspendu par un fil invisible entre ciel et terre... Expirez complètement... Puis faites une respiration totale, remplissez-vous d'air autant que possible. Gardez l'air et sautez sur place comme un polichinelle. Quand vous ne pouvez plus retenir l'air, expirez brusquement par le nez et relaxez-vous. Faites cet exercice trois fois de suite puis revenez à votre image positive. Devenez cette image et appréciez l'instant. Restez ainsi quelques minutes, puis faites votre reprise habituelle.]

Exercice 9

Pour terminer, voici un exercice respiratoire très particulier.

Remplissez votre baignoire d'eau chaude. Installez-vous de manière à ce que l'eau recouvre votre ventre.

[Portez votre attention sur votre respiration abdominale, que je vous demande d'augmenter progressivement. Observez l'eau. Lorsque vous inspirez, le niveau d'eau monte, alors qu'il descend à l'expiration. Jouez à le faire monter et descendre le plus possible pendant un moment. Vous pouvez ensuite fermer les yeux et porter votre attention sur les sensations corporelles. Prenez conscience de la relative légèreté de votre corps. A la fin de l'inspiration, vous avez l'impression de devenir sans poids. Prenez conscience de ce phénomène. Expirez lentement et le plus profondément possible... Gardez toujours les yeux fermés et pensez fortement aux éléments négatifs de votre vie actuelle. Prenez-les, les uns après les autres, et méditez pendant quelques instants sur chacun d'entre eux... Prenez tout votre temps... Toujours les yeux fermés, ôtez le bouchon de votre baignoire et laissez l'eau s'écouler. Imaginez que l'eau emporte avec elle dans les égouts les éléments négatifs auxquels vous avez pensé précédemment, regardez-les partir les uns après les autres. C'est comme s'ils disparaissaient de votre corps. En même temps, réalisez combien votre corps devient lourd, de plus en plus lourd à mesure que l'eau s'écoule. Lorsque la baignoire est vide, restez les yeux fermés et respirez lentement et profondément en vous sentant libéré d'un lourd fardeau... Prenez davantage conscience de votre corps qui s'est complètement relaxé... Pensez maintenant à quelque chose de positif que vous souhaitez réaliser dans l'avenir... Regardez mentalement tous les détails de ce projet... Voyez-vous très heureux et épanoui... Lorsque vous avez terminé, faites lentement votre reprise en vous étirant copieusement et en respirant à fond... Prenez pleinement conscience de la force de gravitation en vous levant dans la baignoire vide...]

Cet exercice peut paraître pour certains un peu stupide, mais je vous garantis son efficacité, si vous le faites assez régulièrement.

N'oubliez jamais que la fonction respiratoire est une fonction vitale et qu'elle apporte une nourriture indispensable à toutes vos cellules et à votre cerveau : l'oxygène. Rappelez-vous aussi que l'énergie vitale (le prâna, le ki ou le tchi) est contenue dans l'air que vous respirez; elle est essentielle à votre santé.

Maintenant, à vous de jouer. Bon courage.

CHAPITRE III

Entraînement bilatéral du cerveau

Théorie : notre cerveau, selon les connaissances actuelles, contiendrait environ cent milliards de neurones. Il semblerait que nous n'utilisons qu'une faible partie de ces cellules, environ un pour cent. Cela veut dire que notre potentiel d'intelligence n'est de loin pas exploité. Nous savons également que nos deux hémisphères, bien qu'en relation totale par les commissures*, ont des fonctions différentes, comme si en réalité nous avions deux cerveaux différents, même s'ils fonctionnent en synchronicité. De façon très simple et résumée, on peut dire que le cerveau gauche est rationnel, logique, il est responsable de la pensée matérialiste, alors que le cerveau droit est illogique, paradoxal, imaginatif, créatif, il est responsable de l'intuition.

A l'aide d'exercices pratiques spéciaux en état sophronique, nous espérons développer les fonctions du cerveau droit, souvent négligées et laissées pour compte dans notre société, et harmoniser les relations entre les deux hémisphères.

Cette technique d'entraînement bilatéral du cerveau, selon notre propre expérience poursuivie depuis plusieurs années, améliore de façon générale la capacité de mémoire, développe l'intuition et la créativité. Les premiers exercices ont été mis au point aux USA par Masters et Houston, complétés et développés par Madame R. van Gessel de Genève et par moi-même.

Exercices

Dans cette séance, nous allons commencer un réflexe conditionné* de détente immédiate, pour vous permettre peu à peu de produire instantanément une « réponse-relaxation », que vous soyez debout, assis ou couché. Ce réflexe va vous protéger de manière efficace contre les effets négatifs du stress exagéré.

Exercice 1

Asseyez-vous confortablement ou couchez-vous, comme vous préférez. Fermez les yeux. Serrez les doigts de votre main gauche, si vous êtes droitier, inversement si vous êtes gaucher, et pensez mentalement :

[Chaque fois que je serrerai mes doigts de cette manière, je me trouverai immédiatement en état de totale relaxation. Maintenant, faites votre sophronisation de base mentalement ou avec votre cassette (chapitre I). Laissez-vous aller au niveau sophroliminal. Une fois complètement détendu, ne faites pas votre reprise, mais pensez, tout en serrant les doigts : « Chaque fois que je ferai ce geste, quelle que soit la position de mon corps, debout, assise ou couchée, les yeux ouverts ou fermés, je retrouverai instantanément l'état dans lequel je suis maintenant.]

Vous allez faire maintenant l'entraînement bilatéral du cerveau. Vous pouvez enregistrer à l'avance la séance et écouter la cassette, ou vous le faites mentalement, après avoir mémorisé le déroulement de la séance. Vous commencez toujours chaque exercice qui va suivre par : réflexe conditionné, sophronisation de base, réflexe conditionné, puis l'exercice du cerveau.

[Je porte mon attention sur mon oeil droit... je l'imagine dans la tête, je vois sa forme, sa situation dans l'espace. Pour bien prendre conscience, j'imagine devant moi un grand triangle dont je suis les bords avec mon oeil droit, dans les deux directions (vers la gauche, puis vers la droite). Ensuite, j'imagine un grand carré dont je suis les bords également, en déplaçant mon oeil droit dans son orbite. Enfin, j'imagine un grand cercle, dont je suis les limites. Cela me permet de prendre davantage conscience de mon oeil droit. J'imagine maintenant un grand triangle avec un angle en avant de moi, un angle en arrière et un angle en haut; mon oeil droit est au centre de ce triangle équilatéral. Je vais en suivre les bords du regard, comme si je pouvais faire tourner complètement mon oeil dans son orbite. J'imagine ce mouvement vers l'arrière et vers l'avant. Je regarde maintenant vers le haut et vais voir mon cerveau droit vu de dessous. J'en devine la forme, la couleur, les circonvolutions, les vaisseaux sanguins. Je prends conscience de cet hémisphère droit dans tous ses détails. Peu à peu je le laisse devenir translucide, presque transparent. Je ne vois plus que les cellules qui le constituent. Je vois apparaître mes neurones, cinquante milliards de neurones, qui sont comme autant d'étoiles dans mon ciel intérieur. Je découvre la moitié de ma galaxie. Chaque neurone devient une étoile qui scintille dans ma tête droite. Chacune de ces étoiles est douée de mémoire, de multiples fonctions, de connaissances, d'actes, de réflexion. Chacune de ces étoiles est un micro-ordinateur fabuleux que je découvre maintenant dans ma tête. Chacune contient des connaissances universelles que la plupart du temps j'ignore, car elles restent plongées toute ma vie dans l'obscurité de mon inconscient. Pourtant, ces connaissances existent en moi et je vais essayer peu à peu d'en devenir conscient. Chacune de ces étoiles est capable d'imagination, de créativité et d'intuition. Je vais essayer de réveiller en moi ces trois fonctions fondamentales que mon éducation et mon instruction ont refoulées, mises de côté, voire éjectées. Je réalise que l'imagination est une force intérieure remarquable : elle domine systématiquement la volonté, fruit du cerveau gauche.

Je vais essayer d'imaginer avec mes étoiles intérieures droites que je réalise un désir dans l'avenir. Je vais mettre dans mes cellules un programme positif de réalisation future. Je me vois sur un écran mental dans l'avenir, cela se passe *ici et maintenant* dans mon cerveau droit. Je vois que je réalise mon souhait, je vis la scène dans tous ses détails...

Je vois le lieu, les gens, les couleurs, les formes... j'emplis toutes mes cellules du cerveau droit de ce vécu réel...

Je prends tout mon temps pour vivre mon succès, je me baigne littéralement dans ce succès... (2 ou 3 minutes).

Je laisse partir toute image, j'abandonne l'image de mon ciel étoilé droit et essaie pendant quelques instants de ne penser à rien... de faire le vide mental.

Je serre les doigts encore une fois et pense : « Chaque fois que je ferai ce geste, je serai immédiatement détendu comme maintenant. » Ensuite, lentement, je fais ma reprise, très lentement. Je reste un moment tranquille avant de me remettre à mes occupations habituelles.]

Progressivement, le réflexe de détente immédiate par le geste des doigts va vous permettre d'entrer spontanément en état sophronique, sans avoir à recourir à la sophronisation de base. Grâce à ce « réflexe de relaxation », vous pourrez faire vos exercices en moins de temps.

Exercice 2

Vous commencez comme l'exercice 1 : réflexe conditionné - sophronisation de base - réflexe conditionné, puis :

[Je me concentre sur mon oeil gauche, je l'imagine, j'en prends entièrement conscience. Comme dans l'exercice précédent, j'imagine un triangle, puis un carré, un cercle, dont je suis les bords du regard... Puis j'imagine le même triangle équilatéral avec un angle en avant de ma tête, un en arrière et un au-dessus. Mon oeil est le centre. J'en suis les bords comme si je pouvais faire trois cent soixante degrés avec mon globe oculaire gauche. Je tourne mon regard vers le haut et découvre mon cerveau gauche. J'en vois la couleur, la forme, les circonvolutions... Cet hémisphère devient à son tour translucide et ne laisse plus apparaître que ses cinquante milliards de neurones, comme autant d'étoiles. Je découvre ma demi-galaxie gauche, chaque neurone brille dans ma tête. Cela ressemble au ciel d'une nuit chaude d'été, où je vois les étoiles de la voie lactée. Chacune d'entre elles est capable de mémoire, de connaissances, d'actes et de réflexions. Les cellules que je vois sont surtout spécialisées pour mes activités logiques et rationnelles, pour ma vie matérielle, ainsi que pour le langage articulé. Je prends parfaitement conscience de mon cerveau gauche... Je laisse partir les étoiles et imagine que je suis devant un tableau noir sur lequel j'écris mon nom, mon prénom et mon adresse, je fais cela avec mon cerveau gauche. Je peux aussi écrire une liste de mots comme par exemple : rivière, montagne, glacier, village. Je vois bien cette liste écrite sur le tableau. Je prends une éponge et efface le mot rivière. Aussitôt, j'imagine une rivière connue ou non, cela n'a aucune importance. En imaginant cette rivière, je stimule mon cerveau droit... j'efface ensuite le mot montagne et imagine une montagne... je fais de même ensuite avec les mots glacier et village... En pratiquant un tel exercice, je produis une stimulation bilatérale de mon cerveau, l'imaginatif et le logique... je prends tout mon temps pour cet exercice... Lorsque j'ai terminé, je serre les doigts et pense : « Chaque fois que je fais ce geste, je serai immédiatement aussi détendu que maintenant... » Pendant quelques instants j'essaie d'arrêter le fil de mes pensées, de faire le silence mental... Ensuite, je fais très lentement ma reprise habituelle et reste quelques instants tranquille après avoir ouvert les yeux.]

Exercice 3

[Je serre les doigts et me détends de plus en plus rapidement et profondément. Je poursuis avec la sophronisation de base. Une fois le niveau sophroliminal atteint, je pense fortement à mon cerveau. J'en imagine la forme dans sa totalité, je réalise qu'il est responsable de toutes mes fonctions vitales: système endocrinien*, système immunologique*, de même que de mes pensées, de mes sensations, de mes actes et de ma mémoire. C'est lui qui règle à travers le diencéphale* le système neurovégétatif*. Je réalise que mon cerveau me permet d'être conscient de ma propre existence, qu'il contient la soi-conscience. Cela me donne une certaine supériorité face aux animaux. Je suis un être humain vivant. Je prends conscience de la vie en moi. Je sens ma respiration calme et régulière qui se fait par mon ventre, je sens mon coeur battre dans ma poitrine, je sens le sang qui circule dans tout mon corps. Je prends conscience de mon corps et de la vie en moi... j'apprécie cette vie... En ce moment, dans mon corps, des milliards de cellules travaillent pour maintenir cette vie... En réalité, je ne suis pas une vie, mais des milliards de vies, chaque cellule est en soi un être complet, une vie... j'apprends à aimer mes cellules, mes organes, mon corps. J'apprends à contrôler ces cellules qui travaillent jour et nuit pour me maintenir en vie... je réalise que souvent, sans m'en rendre compte, à cause de mes mauvaises habitudes, j'intoxique, j'empoisonne ces cellules par la manière dont je me nourris, fume, bois, prends des médicaments ou des drogues. Je vais essayer d'être attentif au processus prodigieux de la vie en moi, d'avoir plus d'amour pour ces êtres qui m'habitent... En apprenant à m'aimer moi-même, j'apprends en même temps à aimer les autres... à les accepter... à les comprendre.

Je laisse venir dans mon cerveau droit l'image d'un lion qui se repose, alors que dans mon cerveau gauche je vois une gazelle qui broute paisiblement... Tout à coup, le lion hume l'air et sent l'odeur de la gazelle, il se lève et se prépare à l'attaque, car il a faim. De son côté, la gazelle sent l'odeur du lion et elle se prépare à la fuite. Il s'ensuit une poursuite dans mon cerveau, le lion saute de droite à gauche, alors que la gazelle saute de gauche à droite, etc. Pour finir, la gazelle s'échappe et sort de mon cerveau. Le lion reste seul au centre, vers le corps calleux*. Il est assis et médite sur son échec. Je laisse partir le lion et respire tranquillement par le ventre... j'imagine que j'ai devant moi un petit soleil qui se rapproche de moi. Il devient de plus en plus petit pour arriver au centre de mon front, vers l'ajna*, de la grandeur d'une tête d'épingle brillante. Cette petite lumière pénètre dans ma tête et commence à tourner à toute vitesse autour de mon cerveau. Je la suis du regard. Peu à peu mon cerveau est entouré d'un halo de lumière, il devient lumière. La petite boule de soleil, après avoir tourné autour de tout le cerveau, se fixe au centre du corps calleux, juste au milieu de ma tête. Je médite sur cette lumière intérieure... je laisse partir la lumière et essaie pendant quelques instants de ne penser à rien. Je fais le vide mental... je serre les doigts et pense : « Chaque fois que je ferai ce geste, je retrouverai instantanément la détente que j'ai maintenant », puis doucement, très lentement, je fais ma reprise habituelle. En m'étirant, je peux bâiller, cela me remet dans le monde de la réalité objective.]

Exercice 4

[Comme d'habitude je m'installe confortablement, assis ou couché, je ferme les yeux. Je fais mon exercice de réflexe conditionné en serrant les doigts. Cette fois, je vais apprendre un second réflexe conditionné de « réponse relaxation ». Je porte mon attention sur l'image d'un paysage que j'aime bien. J'essaie de le voir en détail et je pense : « Chaque fois que je fermerai les yeux et regarderai sur mon écran mental ce paysage, je me trouverai immédiatement complètement relaxé... Si j'en éprouve le besoin, je fais une sophronisation de base, une fois déconnecté du monde extérieur, je communique quelques instants avec mon cerveau. » A l'inspiration mon cerveau augmente de volume, à l'expiration il diminue. Je sais que c'est mon imagination qui fonctionne, mais j'arrive parfaitement à éprouver cette sensation. Je laisse venir à moi l'image d'un être que j'aime et qui m'aime (homme ou animal), je laisse entrer en moi cet amour, je le respire et il entre dans mon cerveau. De là, je le laisse pénétrer mon corps, pénétrer chacune de mes cellules, je vis cet amour dans l'intégrité de mon corps, je m'en imprègne totalement, comme une éponge s'imprègne d'eau... A l'inspiration cet amour entre en moi, à l'expiration je dégage ce sentiment d'amour envers cet être aimé... je laisse pénétrer dans mon cerveau droit une scène en relation avec cet être, une scène d'amour. En même temps, dans mon cerveau gauche, je vis une autre scène heureuse de ma vie passée, à n'importe quelle époque de ma vie, une scène où l'amour est également important, peut-être avec de l'amour maternel... je vois les deux scènes en même temps dans ma tête... C'est comme si cela se passait ici et maintenant. Je laisse partir ces images et essaie pendant quelques instants de ne plus penser.

Puis je porte une attention toute particulière sur mes sens. L'odorat d'abord... j'essaie de sentir l'odeur de l'air qui pénètre mes narines... j'imagine qu'il y a devant moi une superbe rose... je sens l'odeur de la rose... je me concentre maintenant sur le sens du goût et essaie de sentir le goût de ma salive... j'imagine que je mange quelque chose que j'aime particulièrement et j'en sens le goût... je me concentre sur mes yeux et je laisse apparaître l'image de mon paysage, celui qui me relaxe immédiatement, je regarde ce paysage dans tous ses détails... je porte mon attention sur le sens de l'ouïe et entends tous les bruits de l'intérieur et de l'extérieur, je deviens conscient de tout ce qui se passe autour de moi, peut-être la pluie qui tombe dehors, les oiseaux qui chantent, le trafic de la rue... puis j'entends dans mon oreille droite une musique que j'aime particulièrement... avec mon oreille gauche j'entends un autre bruit quelconque... j'apprends à créer des sons de l'intérieur... je me concentre sur le sens du toucher, sur le bout de mes doigts... j'imagine que je caresse de ma main droite un animal très doux... cela me donne une sensation très agréable de douceur et de chaleur... avec la main gauche je touche du papier de verre... Cela produit une sensation plutôt désagréable... je touche les deux choses en même temps... je reviens dans mon environnement et serre les doigts, tout en laissant revenir l'image du paysage, et je pense : « Chaque fois que je ferai ce geste ou que je regarderai mon paysage, j'aurai immédiatement une réponse relaxation. » Ensuite, je fais ma sortie habituelle.]

Exercice 5

Je m'installe comme d'habitude, ferme les yeux et fais mes deux signaux : serrer les doigts et regarder le paysage. Peut-être que déjà cela suffit pour me faire descendre au niveau sophroliminal (schémas 1 et 2). Si ce n'est pas encore le cas, je fais ma sophronisation de base. Je mets mes deux mains sur ma tête et doucement je commence à caresser mon cerveau à travers mon crâne tout en lui disant des mots d'amour comme par exemple : « Je t'aime, tu es la source de ma vie, je te veux du bien, j'aimerais mieux te connaître, mieux travailler avec toi, mieux entrer en communication avec tes extraordinaires connaissances, mieux t'utiliser pour rester sain de corps et d'esprit. Je sais que tu peux m'apprendre à mieux gérer ma vie, à être plus heureux, à contrôler mes fonctions, mes sécrétions, mon système immunologique. J'essaie de te donner tout mon amour, devenir ton ami intime, travailler davantage avec toi... je veux devenir ton ami, je sais que tu sais tout et peux tout... », etc.]

Si vous établissez régulièrement ce contact avec votre cerveau, vous en sentirez automatiquement le résultat. Une fois votre monologue mental terminé, refaites vos deux réflexes conditionnés (geste et image) et passez à votre reprise lentement.

D'autres exercices très simples sont proposés dans le tome 1 de Vaincre par la sophrologie, *au chapitre IV.*

Bien entendu, vous pouvez vous-même créer d'autres exercices selon votre imagination.

CHAPITRE IV

Faire face à vos problèmes

Théorie : les problèmes font partie de la vie. Sans eux, la vie serait impossible. Ils sont le moteur de notre existence. Il est bien connu que les gens qui ont tout dans la vie sans effort : argent, maison, distraction, etc., et qui n'ont pas besoin de travailler pour vivre, par exemple grâce à un héritage, sont malheureux et finissent par tomber malades. Les problèmes sont donc nécessaires et pas forcément négatifs. Cela dépend de notre manière de les affronter. Le plus souvent, nous créons nous-mêmes inconsciemment l'immense majorité d'entre eux.

Nos problèmes font partie des agents stressants, c'est-à-dire qu'ils produisent en nous un état de stress. Je rappelle que le stress n'est pas négatif, il est la réaction d'adaptation à tous les facteurs d'agression de notre corps. Il est donc indispensable et est un moteur de vie. Il se caractérise par toutes sortes de modifications organiques préparant le corps à l'attaque, la fuite ou l'angoisse, les trois F anglais : *fight, flight, fright*.

Il faut apprendre à éviter la troisième réaction qui est négative. Si les agents stressants sont mal vécus, mal assumés, alors se déclenchent les maladies contemporaines, les maladies de civilisation, que l'on appelle les maladies fonctionnelles. Toutes ont pour source l'angoisse stabilisée, la troisième des réactions de stress.

Les problèmes étant dynamiques, il ne faut pas les rejeter. Il ne faut pas non plus les exagérer, comme le fait la majorité des gens. Dans ce cas, ils provoquent la maladie.

Pour comprendre le processus, je vais chercher à expliquer le mécanisme de ce qu'on appelle la situation de stress. Vous comprendrez ensuite mieux que c'est vous, presque toujours, qui créez un problème et surtout en amplifiez l'importance. Prenons un exemple pratique simple : vous devez passer un examen important pour votre avenir. Cet examen est un agent stressant (stressor). Il est très difficile et vous l'appréhendez. Vous agissez dans votre corps par un état de stress : élévation du taux de sucre dans le sang, plus d'adrénaline, baisse immunologique, augmentation de la tension sanguine, un peu d'agitation, une grande difficulté de concentration, etc. Ces changements biologiques vont vous faire vivre votre problème de manière exagérée. D'un agent stressant relativement faible naîtra un agent stressant de plus en plus important, avec une réponse organique de plus en plus forte, si bien que pour finir le petit obstacle de l'examen, au début une colline, devient peu à peu une montagne infranchissable. Vous allez échouer, car au moment de l'examen, une peur paralysante va créer une inhibition corticale totale*,d'où l'impossibilité d'utiliser votre mémoire. Si une question connue vous est posée, votre angoisse est telle que vous êtes incapable d'y répondre. Le blocage est complet. Des situations semblables jalonnent toute votre existence.

Le but des exercices qui vont suivre est de vous apprendre comment affronter ces problèmes différemment, en contrôlant la situation et le corps, c'est-à-dire en diminuant les réactions organiques à l'aide de certains exercices. Pour finir, vous allez mieux vous rendre compte de l'évidence que *dans la vie il n'y a pas de problèmes, mais que des solutions*. C'est la manière selon laquelle nous abordons, nous voyons, nous vivons nos problèmes qui doit être corrigée. L'immense majorité de vos problèmes sont de faux problèmes, que vous avez la plupart du temps créés vous-même, que vous avez amplifiés par votre manière de les affronter, avec souvent une impossibilité d'y faire face. Rappelez-vous que plus vous êtes tendu face à vos problèmes, moins vous êtes à même de les résoudre. Plus vous êtes détendu, plus vous contrôlez les réactions de stress dues aux problèmes, plus il vous est facile de trouver une solution.

Exercice 1

Comme d'habitude, installez-vous confortablement. Fermez les yeux et faites vos deux signaux : serrez les doigts et regardez le paysage. Immédiatement vous avez « la réponse relaxation ». Si ce n'est pas encore le cas, faites votre sophronisation de base... puis continuez de la manière suivante (vous pouvez enregistrer la séance à l'avance).

[Je quitte l'endroit où je me trouve et me vois quelque part, seul dans la nature. Il y a autour de moi des arbres, des fleurs, un ruisseau qui coule. Je me mets entièrement dans cette ambiance. J'entends les insectes qui bourdonnent, les oiseaux qui chantent, le bruit du ruisseau qui coule. Je sens le parfum des fleurs mélangé à d'autres odeurs de la nature. Je vois parfaitement le lieu où je me trouve, je discerne les couleurs, les formes, le mouvement des feuilles dû au léger vent qui souffle. Je sens l'air sur mon corps. Lorsque je me sens faire partie du paysage, je vais penser au problème principal actuel de ma vie. Je vais le considérer d'abord de l'extérieur, comme s'il s'agissait d'une chose étrangère à moi. Je le considère avec une certaine distance. J'essaie de faire l'historique de ce problème. Comment cela a-t-il commencé, quand, dans quelles circonstances ? Comment la situation s'est-elle développée pour arriver à ce qu'elle est aujourd'hui ? Pourquoi ai-je ce problème ? J'en fais l'analyse, mais toujours en gardant une certaine distance par rapport à lui. J'essaie de considérer mon problème sans passion, de manière neutre et de le voir tel qu'il est vraiment, non tel que je crois qu'il est. Tout de suite je m'aperçois qu'il perd nettement de son importance. Je me rends compte qu'en le considérant de manière calme et détendue, je trouverai sûrement facilement une solution. Il y a toujours une solution à un problème, même si cela peut paraître impossible. Je prends le temps d'examiner mon problème, de l'aborder dans tous les sens... A mon grand étonnement, je vois apparaître, venant de je ne sais où, un animal, n'importe quel animal. Un lapin, un chat, un cheval, un éléphant, une souris, un lièvre, etc. Cet animal est très doux et très gentil. Il paraît me connaître parfaitement. Il s'approche de moi. S'il est petit, il vient sur mes genoux, s'il est grand, il reste près de moi. Je vois bien cet animal, je peux même le caresser et sentir sous mes doigts la douceur de sa fourrure. Tout à coup, à mon grand étonnement, il se met à parler mon langage et me dit : « Je sais que tu as quelque chose qui ne va pas, je veux t'aider. Je connais tout de ta vie et je sais aussi que tes problèmes ne sont pas aussi importants que tu le penses. Alors, parle-moi de ton problème principal actuel... » Je commence alors à lui expliquer en détail mon problème. J'en explique toutes les facettes... Je vois mon animal réfléchir... Je l'entends me parler et me dire quel comportement je dois avoir face à mon problème, il me dit tout ce que je dois faire pour le résoudre, quelles décisions je dois prendre... Je l'écoute avec attention... Je peux lui poser des questions si j'en ai envie. Lorsque le dialogue est terminé, l'animal disparaît comme il est venu, je reste seul et me détends. Je pense à ce qu'il m'a dit et je tiendrai compte de ses conseils. Je sais qu'à partir de maintenant, je ne serai plus jamais seul face à mes problèmes et que je pourrai toujours faire appel à mon animal, en me mettant en état sophronique. Cet animal n'est rien d'autre qu'une projection de mon inconscient, et je sais que c'est dans mon inconscient que se trouve la solution à n'importe lequel de mes problèmes.

Peut-être n'ai-je pas encore reçu la solution définitive et complète pour résoudre mon problème actuel, je ferai régulièrement cette séance, jusqu'à ce que la solution soit définitive et totale. Je sais qu'il n'existe aucun problème sans solution. Je serai plus capable de voir mes problèmes comme ils sont et non comme je crois qu'ils sont...

Je quitte ce paysage que je vais régulièrement retrouver. Il me suffira de serrer les doigts ou de regarder l'image de mon paysage pour qu'immédiatement se produise en moi la

« réponse relaxation » et que je retrouve mon animal pour continuer le dialogue.

Je reviens maintenant dans la réalité de l'endroit où je suis. Je décris succinctement mon environnement. Je reprends contact très progressivement avec le monde du dehors. Je laisse l'énergie revenir lentement en moi, dans mes jambes, mon ventre, mon thorax, mes bras, mon cou, mon visage et surtout dans ma tête. Je bouge mes orteils, mes pieds, mes doigts et mes mains. Les yeux fermés, je m'étire fortement en respirant à fond... Encore une fois, je baîlle et enfin, doucement, j'ouvre les yeux en faisant un sourire à la vie.]

L'exercice terminé, restez encore un moment tranquille. Pensez quelques instants à l'aventure intérieure que vous venez de vivre avant de revenir à vos occupations.

Exercice 2

Installez-vous confortablement et fermez les yeux. Faites vos signaux et complétez-les, si nécessaire, par une sophronisation de base...

[Je me vois quelque part seul en montagne. La nature est magnifique, c'est l'été, le ciel est bleu. Je marche sur un sentier qui descend. Je ne sais pas du tout où il conduit. A mon grand étonnement, je vois qu'il se dirige vers une paroi de rocher verticale. Là, au pied du rocher se trouve une porte dorée. Je m'approche et vois que sur la porte il y a une inscription : « Palais des solutions ». Très curieux, j'essaie d'ouvrir la porte mais elle est verrouillée. Je vois la clé dorée suspendue contre le rocher. Je la prends, la mets dans la serrure, la tourne. La porte est maintenant prête à être ouverte. Doucement je la fais tourner sur ses lourds gonds. Je découvre un long couloir éclairé par de la lumière très vive. J'entre et entends une voix qui me dit : « Ferme la porte derrière toi et prends la clé avec toi. » Je fais cela et avance avec une certaine inquiétude dans ce long couloir qui semble aller vers le milieu de la terre. La même voix s'adresse à moi et me dit : « Tu vois devant toi un siège, prends place quelques instants et songe au problème principal de ta vie actuelle.. Choisis un seul problème. Dans un moment je te dirai ce que tu dois faire »... Je pense alors fortement à mon problème. Comment s'est-il présenté, développé, pourquoi ? Comment est-il devenu ce qu'il est aujourd'hui ?...

Puis, j'entends la voix qui me dit : « Suis le couloir, tu vas découvrir une nouvelle porte dorée... Tu la vois maintenant, ta clé va pouvoir l'ouvrir. Lis ce qui est écrit sur la porte... » Je m'approche d'elle et lis : « Palais de la solution, siège de celui qui connaît la solution ». J'ouvre la porte et me trouve devant une grande salle sphérique où tout est éclairé d'une couleur violette. Il n'y a aucun angle, tout est circulaire. Au centre se trouve le trône de celui qui connaît la solution. Je m'approche du centre en pensant fortement à mon problème et reste immobile devant ce trône d'où vient une voix claire et précise. Cette voix me dit ce que je dois faire pour régler mon problème, comment il faut que je m'y prenne, quelle est la solution. Je l'écoute attentivement et mémorise ce que j'entends. Puis, la voix me dit : « Tu peux revenir ici quand tu veux, tu peux emporter la clé, mais tu dois garder le secret de ce que tu vis ici. Tout ce que je te dis est confidentiel et personnel. Maintenant tu peux partir, bon courage. Rappelle-toi que je suis la voix de ta conscience, tu peux te fier entièrement à moi. »

Je fais le trajet inverse lentement, en pensant à ce que je viens de vivre. Je passe la première porte et la ferme à clé. Je marche tranquillement, apaisé, le long du couloir éclairé vers la sortie. Je ferme la seconde porte à clé, je mets la clé en poche et je marche sur le sentier... Puis, je me retrouve *ici et maintenant* dans mon corps, à l'endroit où je suis pour m'entraîner. Je prends conscience de mon inconscient, je laisse progressivement la force revenir en moi, je bouge mes orteils et mes pieds, mes doigts et mes mains. Je replie mes jambes et mes bras plusieurs fois, je respire à fond et m'étire comme un chat qui se réveille après un long sommeil et enfin, doucement, j'ouvre les yeux. »] *Vous prenez encore un moment ensuite pour repenser à ce que vous venez de vivre, avant de passer à vos occupations habituelles.*

Exercice 3

Couchez-vous confortablement, fermez les yeux et faites vos signaux : doigts serrés ou image du paysage. Renforcez votre détente par une sophronisation de base.

[« Quand vous vous sentez complètement détendu, portez toute votre attention sur votre respiration. Commencez à respirer lentement et profondément à un rythme régulier, en utilisant tous vos poumons, c'est-à-dire en remplissant les trois étages respiratoires ventre-thorax-épaules. A l'expiration, videz en sens inverse, épaules-thorax-ventre. Une fois votre rythme respiratoire lent et profond établi, pensez simplement « solution » pendant l'inspiration et « problème » pendant l'expiration. Faites cela pendant environ dix minutes.

Faites votre reprise, en pensant préalablement « Chaque fois que je serrerai mes doigts ou que je verrai sur mon écran mental mon paysage, je serai immédiatement détendu comme maintenant. » Vous pouvez maintenant, lentement, faire votre reprise.]

Exercice 4

Mettez-vous debout, en position orthostatique. Fermez les yeux et faites votre signal avec les doigts serrés ou l'image mentale. Relaxez-vous debout le plus complètement possible.*

[Pensez fortement à votre problème, regardez-le avec le plus de détails possible, faites-en le tour... Imaginez que vous mettez votre problème dans une caisse. Vous voyez la caisse devant vous, vous vous voyez mettre votre problème dedans, vous pouvez même faire le geste de le mettre dedans... Fermez mentalement le couvercle de la caisse, clouez le couvercle, faites le geste. Votre problème principal est enfermé dans la caisse devant vous, il est sous contrôle, il n'a aucun moyen de sortir. Vous allez vous débarrasser de votre problème. Vous prenez la caisse avec vos deux mains et vous vous voyez la porter dans un endroit où il y a un grand feu de camp. Vous voyez le feu, vous vous approchez et vous sentez la chaleur des flammes. Vous allez tout près et vous jetez votre problème dans le feu. Vous reculez un peu et vous contemplez la caisse qui brûle et votre problème qui se consume. Vous vous rendez compte tout à coup qu'il n'était pas du tout aussi important que vous le pensiez... Il a perdu la force de son énergie parasite qui vous empêchait d'aller de l'avant. En réalité, le problème est toujours là, mais vous le vivez complètement différemment, avec une certaine distance et surtout sans stress, de manière décontractée. Vous avez brûlé la « montagne » et il ne reste plus que la « colline ». Pour libérer votre corps des traces de stress dues à votre problème, faites l'exercice suivant : tendez tout votre corps. Vos jambes, votre ventre, votre thorax, vos bras, votre dos, votre visage. Tendez fortement tous vos muscles. Gardez cette tension quelques instants avec une respiration superficielle. Maintenant, relâchez toutes les tensions d'un coup, brusquement, laissez échapper de votre corps le stress dû à votre problème... Faites cet exercice trois fois, en vous détendant chaque fois davantage. Ensuite, restez un moment tranquille. Prenez conscience de la forme de votre corps debout. Réalisez votre position entre ciel et terre. Sentez le poids du corps sous la plante des pieds. Réalisez que vous pouvez parfaitement vous détendre debout. La relaxation profonde ne demande pas une position particulière, elle peut se réaliser dans n'importe quelle situation.]

A partir de maintenant, vous allez essayer d'affronter vos problèmes différemment. Chaque fois que vous vous trouverez face à une situation conflictuelle, vous ferez automatiquement un de vos signaux. Il vous suffira de serrer les doigts, même les yeux ouverts, pour que votre corps réponde par une « réponse relaxation » dans n'importe quelle position. Vous pouvez aussi fermer vos yeux un instant, laisser venir l'image du paysage pendant quelques secondes; sitôt cette image présente, votre corps va se détendre totalement. Vous pouvez alors ouvrir les yeux et affronter n'importe quel problème dans le calme et dans la réalité. Vous coupez ainsi la rétroaction décrite au début du chapitre.

Exercice 5

Etendez-vous, installez-vous confortablement. Faites votre signal et approfondissez votre détente, si nécessaire, par une sophronisation de base. Une fois le niveau sophroliminal atteint, quittez le moment présent et représentez-vous dans l'avenir. (Vous pouvez enregistrer la séance sur une cassette que vous pourrez ensuite écouter.)

[Je quitte l'endroit où je suis pour me regarder dans l'avenir. Je me vois avec une situation changée. Je sais que mon problème est résolu, il est derrière moi, il n'existe plus. Je me vois m'épanouir dans ma vie, libéré de mon passé. Mon problème n'est plus qu'un souvenir sans importance. Je m'imprègne de l'image de moi ayant réussi à surmonter la situation, à la dépasser et à me libérer de toutes les tensions dues à ce problème. Je sais que cette image est la réalité du futur. Je m'en imprègne, comme une éponge s'imprègne d'eau. Je laisse pénétrer cette image positive dans toutes mes cellules, mes molécules, tous mes atomes, je deviens cette image, je suis cette image. Je reste dans cette situation pendant un assez long moment, pour bien en imprégner mon inconscient. Je reviens ensuite dans le présent, avec la certitude que je vais résoudre mon problème. Je vais très lentement faire ma reprise habituelle. Je n'ouvre les yeux qu'après m'être étiré plusieurs fois, avoir bougé mes orteils, mes bras et mes jambes, etc.]

Chaque exercice qui précède devrait être fait régulièrement, jusqu'à la complète résolution du problème. Il ne faut prendre qu'un seul problème à la fois. Ce n'est qu'une fois l'un d'entre eux résolu que vous pouvez passer au suivant, jusqu'à la résolution de tous les problèmes importants de votre vie qui vous préoccupent. Gardez bien en mémoire que tous les problèmes trouvent une solution, que plus vous êtes détendu face à une situation conflictuelle, plus vous êtes apte à l'affronter sans stress. Habituez-vous à faire votre signal immédiatement lorsque vous vous trouvez devant une agression quelconque. En faisant cela, vous allez vous simplifier considérablement la vie.

CHAPITRE V

La pensée positive

L'éducation du petit homme civilisé est faite pour développer sa pensée négative. Le processus est inconscient, mais le résultat est assez catastrophique. La majorité des gens a pour habitude de porter son attention sur tout ce qui est négatif dans la vie et devient le plus souvent aveugle aux éléments positifs. Nous sommes, la plupart du temps, incapables de vivre intensément un moment heureux, tellement nous avons été inhibés par rapport à tout ce qui est positif. J'ai l'habitude de dire que l'être civilisé se trouve devant un champ de fleurs au centre duquel il y a une bouse de vache, ne voit que cette dernière et ignore l'existence des fleurs. La sophrologie a pour objet de développer la pensée positive. Avec l'entraînement régulier de ces diverses méthodes, on apprend progressivement à découvrir tout ce qu'il y a de positif dans notre environnement et à mettre entre parenthèses le négatif. En extrapolant, on peut dire qu'une personne entraînée à ces méthodes, et qui se trouve devant un champ de bouses de vaches avec une fleur au centre, peut ne porter son attention que sur la fleur et ignorer le reste. Son comportement est totalement modifié et elle devient capable de vivre pleinement un événement heureux de sa vie, d'extraire le positif qui se trouve dans toute situation, aussi négative soit-elle. Le conditionnement à la pensée négative est très précoce. Il commence à la naissance.

Au moment de l'accouchement, le passage du foetus dans le canal vaginal est vécu comme une situation de stress intense qui est engrammé dans la mémoire du nouveau-né. Au moment de sa naissance, lorsque l'enfant ressent la brûlure de l'air dans ses poumons, le froid de l'air ambiant, les bruits agressifs extérieurs et la violence des manipulations après la naissance, il vit un hyperstress qui est mémorisé. Si, après les soins habituels, il est mis en nursery, ce nouveau stress est également mémorisé. A mon avis, les nurseries sont des « camps de concentration » pour les nouveau-nés, inventés par des gens sans coeur et sans âme. Au moment où l'enfant a le plus besoin de sa mère et la mère de son enfant, on les sépare ! C'est un acte stupide et sans fondement. Les nurseries ne devraient être utilisées que pour les enfants nécessitant des soins spéciaux. C'est à ce moment déjà que se structure le système de pensée négative. L'enfant ayant passé par le stress intravaginal, l'hyperstress de la naissance et le superstress de la nurserie, ne pourra plus vivre intensément une grande joie pendant toute sa vie car, chaque fois, sa mémoire inconsciente va se mobiliser et le rendre méfiant : après la joie (joie intra-utérine avant la naissance), viennent le stress, l'hyperstress et le superstress. C'est la raison pour laquelle la manière de donner la naissance et de soigner les nouveau-nés devrait être modifiée. Ce sujet est développé en détail dans mon livre *Sophrologie et évolution, demain l'homme*.[1]

Le conditionnement négatif est donc établi déjà à la naissance et sera renforcé par la suite par les parents, toujours de manière inconsciente : « Ne touche pas cela, tu vas te faire mal... », « Ne saute pas, tu vas tomber... », « Ne cours pas, tu vas t'ouvrir les genoux... », « Si tu fais cela, il va t'arriver un malheur... » Cette idée s'inscrit profondément dans le subconscient et crée progressivement l'état classique de personne négative qui doute de tout, se méfie de tout et porte son attention sur tous les facteurs négatifs de sa vie, en oubliant le positif. Elle se dirige vers l'apparition d'une

---

1 Editions Au Signal

maladie fonctionnelle*, l'angoisse et même l'état dépressif. Il faut apprendre à devenir sûr de soi, à écarter le doute et la méfiance excessive et à vivre intensément tout le positif qui nous entoure, tout ce que est bien, ce qui est agréable, ce qui est beau.

La médiatisation de l'information a renforcé de manière considérable la fixation sur le négatif. Les gens ont l'habitude de lire systématiquement les journaux dès le matin et de suivre chaque jour les informations à la radio ou à la télévision. Ils ne lisent et n'entendent que des choses négatives : guerres, accidents, complots politiques, etc. Pour finir, ils se complaisent dans tout ce qui est laid, destructeur, négatif.

Lorsque je me suis occupé de sauteurs à ski de l'équipe nationale suisse, j'ai eu l'occasion d'assister à de nombreuses courses internationales et je me suis rendu compte que la majorité des spectateurs assistait à ces compétitions dans l'espoir de voir au moins une chute spectaculaire. Il en est de même dans les reportages télévisés. Pour qu'un spectacle soit « bon », il faut qu'il contienne de la violence, qu'il s'agisse de sports, de films ou d'émissions.

Toutes les émotions, tous les chocs affectifs vécus bien avant notre naissance sont marqués dans notre corps, y laissant des traces, sous forme de tensions musculaires localisées n'importe où dans la musculature striée*, lisse* ou cardiaque*. Ces tensions résiduelles devraient être effacées, car leur accumulation devient très destructrice et négative. Elle est à l'origine du déclenchement d'une multitude de symptômes. La végétothérapie* de Reich et la bioénergie* de Lowen ont pour but la suppression de ces contractions musculaires résiduelles, des barrages énergétiques dus à ces stress passés. La technique du cri primal* de Janov et du rebirth* de Léonard Orr libèrent du traumatisme de la naissance

En sophrologie, plusieurs méthodes nous permettent, d'une part la « décharge » du négatif de notre corps et, d'autre part, la « charge » en positif. Entraînez-vous régulièrement à ces techniques et vous constaterez une modification de votre comportement et de votre manière de penser.

Exercice 1

a) **Décharge du négatif. Le sophro-déplacement du négatif d'après Cayedo.**

Comme d'habitude, je vous propose d'enregistrer une cassette selon le texte qui va suivre. N'oubliez pas de laisser des silences aux points de suspension.

Commencez par vos signaux (serrez les doigts et image du paysage), après vous être assis confortablement sur une chaise. Renforcez votre détente en faisant, si nécessaire, votre sophronisation de base.

[Je suis complètement détendu et prends conscience de mon corps assis, de l'appui de mes fesses sur la chaise, de l'appui de mon dos contre le dossier et de celui de mes pieds au sol... je contracte maintenant fortement les muscles du visage, je plisse le front, hausse mon nez, serre mes lèvres et mes mâchoires tout en respirant normalement par le ventre. Je maintiens la tension quelques instants, un peu plus fort... je relâche... A l'expiration j'expulse toutes les traces du négatif de mon visage et de ma tête... j'expire un peu plus fortement... tout le négatif s'en va de mon visage et de ma tête, j'expulse mes pensées négatives à l'expiration... j'expulse les traces de mon passé négatif de mon visage et de ma tête... Je rejette maintenant ma tête en arrière et contracte fortement ma nuque, je maintiens cette tension, un peu plus fort, encore plus... et je relâche. A l'expiration je dégage toutes les tensions négatives de mon cou... je prends conscience de la forme et de la masse de ma tête et de mon cou sans tension... Mon expiration se fait plus ample pour expulser le négatif... je tends fortement les bras devant moi... un peu plus fort... encore plus fort... je relâche... A l'expiration je décharge toutes les tensions négatives de mes bras... je prends conscience de la forme, de la masse de mes bras sans tension... je contracte mes épaules, comme pour rapprocher mes deux épaules devant mon thorax... un peu plus, encore plus... je relâche et prends conscience de mes épaules libres de toute tension... A l'expiration j'élimine toute tension résiduelle... je lève les bras et fais l'arc avec mon dos vers l'arrière... je tends mon dos un peu plus... encore plus... je relâche et prends conscience de mon dos sans tension... A l'expiration j'expulse toute trace de tension dans mon dos... je croise mes bras sur mon thorax et les contracte très fort, un peu plus fort... encore plus fort... je relâche et détends totalement mon thorax, dont je prends davantage conscience... j'élimine toute tension à l'expiration, toute trace de problèmes affectifs de mon passé, je les expulse à l'expiration... je rentre mon ventre, contracte tous les muscles... un peu plus... encore plus fort... je relâche et prends conscience de la forme de mon ventre sans tension... A l'expiration j'élimine toute tension résiduelle négative... je serre les fesses, un peu plus fort... encore plus et relâche brusquement... j'élimine toute tension résiduelle à l'expiration, toute tension liée à mes problèmes sexuels passés ou actuels... je prends conscience de la forme de mes fesses et de ma sphère génitale sans tension... je tends fortement mes jambes devant moi... un peu plus... encore plus fort... je relâche... A l'expiration je libère toute tension résiduelle dans mes cuisses, mes mollets et mes pieds... je prends conscience de la forme, de la masse de mes jambes sans tension... je contracte tout mon corps à la fois... un peu plus... encore plus... je relâche et prends conscience de tout mon corps sans tension, je prends conscience de sa forme, de sa dimension, de son volume... A l'expiration j'expulse toute tension résiduelle quelle qu'elle soit, où qu'elle se trouve.

Je reste quelques instants dans cette situation et apprécie cet instant *ici et maintenant* dans mon corps sans tension... Je suis prêt à faire ma reprise très lentement. Je deviens plus positif, plus sûr de moi et de mes possibilités. J'ai davantage confiance en moi... je bouge mes pieds... je garde les yeux fermés... je bouge les mains... je respire à fond deux fois de suite... je fais quelques grimaces avec le visage... je m'étire copieusement en bâillant, si j'en ai envie, et enfin, doucement, j'ouvre les yeux... »

Exercice 2

b) Vécu positif des événements passés

Au niveau sophroliminal, la notion de temporalité change, il n'y a plus que le présent qui existe, comme une réalité objective. La notion classique de passé-présent-futur, pour expliquer l'écoulement du temps, n'a plus cours. Il y a dans cette situation privilégiée de la conscience ***synchronicité du temps****. Ce fait présente un avantage certain, puisqu'il devient possible de vivre au présent des situations positives passées ou futures. Le professeur Caycedo a mis au point une méthode très utile pour renforcer le positif. C'est la sophro-présence-immédiate. Je vous propose maintenant de passer à l'action et de créer vous-même ce phénomène de passé-présent. Il y a plusieurs possibilités, nous avons choisi de faire quelque chose de simple et d'efficace.*

[Je m'installe confortablement assis (il est préférable de faire les exercices assis, pour éviter de s'endormir). Je ferme les yeux et fais mes signaux... je peux approfondir l'état de relaxation par une sophronisation de base... Je me laisse entrer dans ma respiration... j'ai peu à peu l'impression de devenir l'air que je respire... Sur mon écran mental je laisse apparaître l'image d'un être que j'ai aimé et qui m'a aimé dans mon enfance... J'essaie de laisser revenir cet amour en moi... je vis cet amour pleinement *ici et maintenant*, je le laisse entrer dans chacune de mes cellules, de mes molécules, de mes atomes... je deviens cet amour merveilleux... pour bien le faire pénétrer en moi, pour le corporaliser, je tends tout mon corps très fort, tous les muscles, de mon visage à mes orteils... puis je relaxe brusquement... c'est très bien, je reste un moment tranquille pour apprécier l'instant... je laisse venir à moi le souvenir d'un moment particulièrement heureux de ma vie passée... je laisse remonter ce souvenir dans le présent de ma conscience... je le vis dans tous ses détails *ici et maintenant*, je laisse ce souvenir de bonheur pénétrer mes cellules, mes molécules, mes atomes...

Pour corporaliser ce bonheur je tends à nouveau tout mon corps de la tête aux pieds très fort... un peu plus fort... je relâche. J'ai fait ainsi pénétrer biologiquement ce souvenir dans tout mon être... j'apprécie cet instant... je laisse venir maintenant sur mon écran mental le souvenir d'une réussite de ma vie, n'importe quelle réussite, aussi petite soit-elle... je ramène au présent cette réussite... je la vis *ici et maintenant* dans tous ses détails. Je vois les personnages, les circonstances, les lieux. Je vis cette réussite comme une réalité objective.... j'en remplis mes cellules, mes molécules, mes atomes... Pour corporaliser cette réussite je tends tout mon corps très fort... et je relâche... ma respiration devient plus profonde, je respire de tout mon corps et à l'inspiration, je pense à l'amour de mon enfance, je le laisse entrer encore davantage en moi... A l'inspiration, je laisse entrer en moi le souvenir de ce bonheur... Toujours à l'inspiration le moment heureux de ma vie et enfin je laisse entrer en moi ma réussite... je reste quelques instants tranquille et prends conscience de la forme, du volume, de la posture de mon corps. Je prends conscience de la vie en moi... je prends confiance dans le fait que peu à peu je vais devenir un penseur positif...

Je prends conscience de l'endroit où je me trouve et me prépare à faire ma reprise. Avant, cependant, je refais mes réflexes de détente, je serre les doigts et laisse venir l'image du paysage en pensant que chaque fois que je fais ce geste, ma détente devient immédiatement totale... je bouge mes orteils, mes doigts, je respire à fond deux à trois fois de suite, je m'étire copieusement tout en bâillant, si j'en ai envie, et enfin, doucement, j'ouvre les yeux. Je reste tranquille un moment pour apprécier l'instant.]

Exercice 3

c) Vécu positif des événements présents

[Je m'installe confortablement assis ou couché. Je fais un signe signal (à partir de maintenant un seul signal devrait suffire pour atteindre le niveau sophroliminal, serrer les doigts ou l'image du paysage). Si ma détente n'est pas encore suffisante, je la renforce par une sophronisation de base. Je pense à ma vie actuelle et cherche à en extraire les éléments positifs uniquement. Peut-être, au premier abord, tout semble aller de travers mais malgré cela, je vais à la découverte du positif « présentiel ». Je commence par ma vie affective et porte mon attention sur une chose que j'aime actuellement, une personne, un animal ou même un objet. Je focalise toute ma conscience sur cet amour, que je laisse entrer en moi, dans la profondeur de mon être. Je positive mes cellules, mes molécules, mes atomes... pour bien faire entrer en moi cet amour, j'inspire à fond et, poumons pleins, je contracte tout mon corps. Pendant l'inspiration, je vois cet amour pénétrer en moi avec l'air... je tends mon corps très fort pendant quelques secondes et le relâche brusquement... je suis comme une éponge qui s'est imprégnée d'eau, je suis plein d'amour... j'apprécie cet instant... je porte mon attention sur quelque chose que je suis en train de réaliser, quelque chose de positif dans n'importe quel domaine : profession, sport, études, éducation d'un enfant, etc. De toute manière, quelle que soit ma vie, il existe une réalisation positive... je la considère dans tous ses détails... je la vis avec tout mon corps, avec toutes mes cellules, molécules et atomes... je respire cette réalisation... A l'expiration, je la fais entrer en moi avec l'oxygène de l'air... c'est très bien... je tends tout mon corps, puis je relâche. Je cherche maintenant d'autres éléments positifs de ma vie, comme par exemple : je suis correctement logé, j'ai assez à manger... Si je considère que plus du tiers des hommes souffre de famine ou n'a pas de toit au-dessus de la tête, je réalise toute ma chance d'avoir ce que je possède, même si ce n'est presque rien... je commence à apprécier ma situation, même si elle paraît défavorisée par rapport aux gens de la société dans laquelle je vis... (ici, toutes les formules doivent être adaptées à mon cas personnel)... je laisse pénétrer en moi ces avantages à l'inspiration... ensuite, je respire à fond et, tout en pensant à ces éléments positifs, je tends tout mon corps... puis je relâche brusquement tous mes muscles... comme un papier buvard s'imprègne d'encre, mon corps s'imprègne de ces éléments positifs de ma vie...

Je porte maintenant mon attention sur mon corps, sur la vie en moi... je réalise combien il est extraordinaire d'être vivant... je constate qu'en ce moment même des centaines de milliards de vies (chaque cellule) travaillent pour me garder vivant... je commence, quelles que soient les circonstances actuelles de ma vie, à aimer cette vie en moi, à la respecter, à donner de l'amour à mes cellules, à mes organes, à moi-même... peu à peu je découvre que le vrai bonheur auquel j'aspire est en moi, dans la profondeur de mon être, c'est là que je vais le découvrir... je me rends compte que les éléments extérieurs de ma vie ne sont pas le bonheur, seulement une contribution à la réalisation : mes amours, mon travail, l'argent, mes amis sont des facteurs extérieurs, mais l'essentiel est la découverte du bonheur en soi, dans le hara* ou dans la kundalini*... Ce bonheur-là, ce bonheur racine et source, rien ni personne ne peut me le prendre... je deviens dans mon essence heureux, en dehors de toute circonstance extérieure... *ici et maintenant*... je reste quelques instants tranquille... je serre les doigts et laisse venir sur mon écran mental l'image du paysage en pensant : « Chaque fois que je ferai ce geste ou que je verrai cette image, je serai immédiatement aussi détendu que maintenant... Puis, comme d'habitude, très lentement, je fais ma reprise... »

N'oubliez pas, après chaque séance, de vous offrir quelques instants avant de vaquer à vos occupations.

Exercice 4

d) Vécu positif des événements futurs

Chaque personne a un idéal, un but dans la vie, que ce soit dans le domaine des études, de l'affectif, du professionnel, du sportif ou d'autre chose. Avant de pratiquer cet exercice, réfléchissez à ce que vous souhaitez réaliser dans l'avenir. Faites cela en gardant le pieds sur terre, ne pensez pas à quelque chose d'impossible. Fixez-vous plusieurs buts positifs, dans divers domaines, et notez ces buts sur un papier. Par exemple :

— *je veux réussir tel examen,*
— *je veux améliorer ma situation professionnelle,*
— *je veux améliorer mon temps sur cent mètres,*
— *je veux réaliser l'harmonie de mon couple,*
— *je veux guérir de tel ou tel symptôme,*
— *etc.*

Une fois ces buts fixés, pratiquez de la manière suivante, toujours en mémorisant le texte, ou en enregistrant une cassette adaptée à votre cas.

[Je m'installe le mieux possible, couché si je n'ai pas tendance à m'endormir, ou assis, voire même debout en position orthostatique*. (A partir de maintenant, il faudra vous habituer à faire aussi des exercices debout. Il est souhaitable d'apprendre à être détendu quelle que soit la situation et quelle que soit votre position, debout, assise ou couchée.) Je fais maintenant mon ou mes signaux. Si nécessaire, je renforce ma détente par une sophronisation de base. Au niveau sophroliminal la notion du temps s'efface, tout devient présent et réel. Je laisse venir l'image de ma réussite future dans le domaine que j'ai choisi préalablement... je vois cette réussite, je la vis dans tous ces détails *ici et maintenant*... je prends tout mon temps... je programme mon subconscient en vue de cette réussite, si bien que mon comportement, mes actes, mes rencontres vont dans le sens de cette réalisation...

Si je veux guérir d'un symptôme, je me vois simplement sans lui, libéré de lui, sans mentionner son nom, par exemple, si je suis insomniaque, je me vois simplement dormir paisiblement, si j'ai de l'asthme, je me vois respirer librement, si j'ai un ulcère à l'estomac, je vois mon estomac cicatrisé, etc. Plus tard, j'apprendrai à agir de manière plus efficace sur mes troubles. Je m'imprègne de ma ou de mes réussites futures... Je les fais pénétrer profondément en moi, dans mon corps, mes cellules, mes molécules et mes atomes... Une fois que j'ai bien vécu dans tous les détails mes réalisations, j'inspire à fond et tends tout mon corps pour les corporaliser... je relâche ensuite mon corps complètement et le laisse s'imprégner de ma formulation positive, comme une éponge s'imprègne d'eau.

Je répète mes signaux pour les renforcer, puis je procède à ma « désophronisation » lente et progressive, comme je l'ai apprise.]

Comme d'habitude, vous vous accordez quelques instants de tranquillité avant de reprendre vos occupations.

Chaque étape de l'entraînement de la pensée positive doit être répétée régulièrement. Cette méthode peut, progressivement, modifier complètement le cours de votre vie et de votre comportement. Entraînez-vous aussi souvent que possible. Bon courage.

CHAPITRE VI

La sexualité

Nous avons déjà abordé certains problèmes de la vie sexuelle dans le chapitre XXV du tome 1. Nous ne reviendrons pas ici sur ce qui a été dit dans ce chapitre.

Les exercices qui vont suivre ne sont pas une panacée. Pour régler ses problèmes sexuels, l'intervention d'un sexologue, d'un psychologue ou d'un sophrologue peut parfois être indispensable.

Nous divisons ce chapitre en quatre parties. Si vous souhaitez vous familiariser avec la théorie, il existe beaucoup d'ouvrages spécialisés. L'immense majorité des problèmes sexuels repose sur des causes psychologiques. Il faut cependant, le cas échéant, s'assurer du fonctionnement correct du système hormonal. S'il est déréglé, c'est souvent par des causes émotionnelles, et un traitement hormonal s'avère parfois nécessaire. Il y a, dans notre société moderne, un énorme problème sexuel. L'apparition de maladies comme l'herpès génital et le sida a rendu la situation encore plus complexe. Nous parlerons du sida dans un autre chapitre. Je peux affirmer que sur cent patients, au moins quatre-vingt souffrent d'un problème sexuel. Il s'agit donc bien d'une difficulté majeure de notre société.

A) L'impuissance sexuelle

Les causes de l'impuissance sexuelle sont multiples : problèmes éducatifs, choix du partenaire, refus de son sexe, refus du sexe de l'autre, chocs affectifs, stress exagéré, drogue, tabac, mauvaise alimentation, dérèglements hormonaux, etc. Le tabagisme excessif rend à la longue impuissant par sclérose des artères de la verge; et les drogues, comme le haschisch, qui ont la réputation d'augmenter les sensations sexuelles, produisent, à plus ou moins longue échéance, une impuissance grave. Les cas d'hommes partiellement impuissants sont assez nombreux. Curieusement, alors qu'ils éprouvent de grandes difficultés avec leur femme, ils n'ont aucun problème avec d'autres partenaires. Ce phénomène découle de la psychologie des profondeurs. Ce n'est pas ici mon propos d'apporter des explications psychanalytiques à l'impuissance sexuelle.

Exercice 1

Ne faites cet exercice que si vous avez une affinité affective avec votre partenaire, et si votre sexualité était normale avant l'apparition de ce trouble.

Installez-vous confortablement couché, votre femme à vos côtés, donnez-vous la main et restez dans cette position pendant votre exercice, que vous pouvez enregistrer au préalable. Pour ne pas déranger votre partenaire, utilisez des écouteurs. Faites votre signal et, si nécessaire, votre sophronisation de base, et continuez ainsi :

[Je suis complètement détendu et sens dans ma main le contact de ma partenaire, je deviens pleinement conscient de ce contact et m'aperçois qu'une certaine énergie passe d'un corps à l'autre, je laisse librement passer cette énergie féminine qui entre en moi. J'imagine l'énergie qui entre dans ma main et qui, peu à peu, progresse le long de mon bras, je sens un changement biologique à mesure que cette énergie pénètre mon corps, je sens une onde de chaleur agréable. A mesure que pénètre cette onde, je sens revenir en moi les désirs sexuels pour cette femme... La chaleur envahit mon thorax et mon autre bras... puis mon ventre devient chaud, particulièrement ma sphère génitale*... je prends conscience de mon sexe, la chaleur descend dans mes jambes et envahit mes pieds... enfin, je laisse pénétrer la chaleur dans ma tête... j'imagine le sexe de ma partenaire, je l'accepte de mieux en mieux... mon système hormonal* se régularise, mon centre de motivation sexuelle dans mon cerveau se stimule, je laisse les choses se faire spontanément, je peux retrouver mon sentiment à l'égard de ma partenaire, retrouver une « nouvelle personne » comme au début de notre relation... quelque chose change en moi, dans mon énergie sexuelle... j'imagine retrouver ma puissance sexuelle normale... je me vois avoir une érection normale... Je reste un moment dans le silence et apprécie cet état de communication silencieuse avec l'autre... Je me prépare à ressortir de ma détente et fais lentement ma désophronisation après un rappel de mon signal.]

Exercice 2

A pratiquer seulement si votre puissance sexuelle était normale. Installez-vous confortablement, fermez les yeux.

[Je fais mes signaux habituels et renforce ma détente, si nécessaire, par une sophronisation de base. Une fois le niveau sophroliminal atteint, je cherche dans mon passé une situation où ma sexualité était tout à fait normale... je revois l'occasion et la partenaire... je revis cette situation de réussite sexuelle dans tous ses détails : lieu, décor, conditions, etc. C'est comme si cela se passait *ici et maintenant*. J'imprègne ma conscience de cette image positive, je la laisse pénétrer en moi, dans la profondeur de mon être, dans mes cellules, mes molécules, mes atomes. Pour corporaliser cette image, je contracte tout mon corps... un peu plus fort... encore plus... et je relâche toutes les tensions, m'imprégnant complètement de mon image de réussite sexuelle... Je respire lentement et profondément, en utilisant tous mes poumons, ventre, thorax, épaules... pendant l'inspiration, je pense « puissance sexuelle »... à l'expiration, je pense « rejet de toutes les tensions »... je fais cela pendant plusieurs minutes... J'imagine ma partenaire sexuelle actuelle et je me vois réussir parfaitement l'acte sexuel avec elle, je vis ce rapport sexuel dans tous ses détails *ici et maintenant* et en imprègne totalement mon être... Je corporalise l'image en tendant tout mon corps le plus fortement possible... je relâche toutes les tensions d'un bloc et reste tranquille, si possible en ne pensant à rien, pendant quelques instants... je fais ensuite, comme d'habitude, ma sortie.]

Très souvent, l'impuissance est liée à un problème de couple, par conséquent, une thérapie de couple peut s'avérer excellente.

Exercice 3

Les exercices qui sont proposés ici peuvent apporter une aide appréciable mais non pas traiter les problèmes, fort complexes, à fond. L'exercice qui va suivre est basé sur l'utilisation de phantasmes en état sophronique.

« Je m'installe confortablement, ferme mes yeux et fais mes signaux, accompagnés ou non d'une sophronisation de base... J'imagine que je suis sur une merveilleuse plage déserte, quelque part dans le Pacifique Sud... je suis assis nu sur le sable blanc et contemple devant moi la mer d'azur... l'endroit est très beau, un paysage de rêve... Je sens la chaleur du sable sous mes fesses, la chaleur des rayons du soleil sur mon corps... je sens le vent léger qui effleure ma peau... Je décide de faire une promenade le long de la plage... à ma grande surprise, je découvre que je ne suis pas seul; il y a là, sur le sable, un être de rêve, une femme merveilleusement belle, la femme telle que je la rêve... elle est couchée sur le dos et je m'approche timidement d'elle; c'est exactement le genre de femme qui me plaît... je m'assieds à côté d'elle et je sens en moi un extraordinaire désir de l'aimer, de faire l'amour avec elle... Elle s'éveille, me voit... je lui plais... Elle vient à moi, nous jouons sur le sable... nous faisons l'amour de manière merveilleuse... je vis cela dans ma conscience, dans tous les détails *ici et maintenant* et m'imprègne complètement de cette image... je contracte mon visage... je tends mes bras... je rentre mon ventre, tends mes jambes... tout mon corps... je relâche complètement, puis je pense : « Ce que je viens de vivre est la réalité du futur avec ma partenaire actuelle... j'ai confiance en moi et en mon potentiel sexuel... tout devient possible. » A l'inspiration, je pense « puissance sexuelle », à l'expiration, « relaxation ». Puis, lentement, je fais ma reprise habituelle.]

Dans cet exercice, on essaie de vivre sa projection animique selon Jung. C'est-à-dire que l'on crée l'image de la femme idéale, qui n'est rien d'autre que la propre image féminine en nous, notre idéal féminin. Si l'on insiste sur la relaxation à l'expiration, c'est parce que, plus on est détendu pendant un acte sexuel, meilleure est sa réussite. L'insuccès est souvent dû aux tensions physiques et psychiques. Il faut apprendre à s'en libérer pendant l'amour.

B) Ejaculation précoce

L'éjaculation précoce est un phénomène extrêmement fréquent qui empêche un acte sexuel complet et laisse le plus souvent la partenaire insatisfaite. Un exercice vous est proposé à la page 240 du tome 1. Il est possible de contrôler le processus de l'éjaculation par une technique chinoise décrite à la page 238 du tome 1. L'orgasme est dû chez l'homme à la contraction des vésicules séminales* qui expulsent le sperme à l'extérieur à travers l'urètre. Nous allons pratiquer une technique de focalisation*. Masters et

Houston, célèbres sexologues américains, proposent la méthode appelée « squeezing ». Pour ce traitement, la participation active de la partenaire est indispensable.

Malheureusement, toutes les femmes ne sont pas d'accord pour collaborer directement. La technique est la suivante : la femme caresse l'homme et le masturbe doucement. Au moment où il sent qu'il va éjaculer, il fait un signal, et la femme serre le gland pour empêcher le sperme de s'écouler. Après un arrêt de quelques instants, elle recommence la même opération, sans jamais laisser le liquide sortir. L'exercice peut durer jusqu'à trente minutes. Naturellement, chacun reste « sur sa faim » mais cela est indispensable pour la réussite du traitement. Dans un second temps, quand l'homme arrive à mieux se contrôler, la femme se met sur lui et la pénétration sexuelle est dirigée par elle. L'homme est immobile, c'est la femme qui bouge. Au moment où il sent qu'il va éjaculer, il donne un signal, la femme se retire et serre le gland pour empêcher l'éjaculation. A nouveau l'exercice s'arrête sans avoir laissé le liquide sortir. Une fois ce second temps d'arrêt maîtrisé assez longtemps, il est alors possible de réaliser un acte complet contrôlé.

Exercice

Avant de pratiquer cet exercice, référez-vous à des tables anatomiques où vous pouvez repérer le circuit interne des spermatozoïdes et du sperme. Les spermatozoïdes sont formés dans les testicules, ils longent le canal jusqu'à la vésicule séminale, où ils se mettent en réserve et s'imprègnent du liquide spermatique. Les testicules ont en plus une fonction essentielle endocrinienne et sécrètent l'hormone mâle (testosterone) qui détermine tous les caractères sexuels secondaires (poils, barbe, voix, calvitie) et est responsable de la puissance sexuelle. De la vésicule séminale, le sperme est « éjecté » par un long tube qui traverse la prostate et rejoint l'urètre, canal qui conduit l'urine de la vessie à l'extérieur. Lors du « squeezing », le sperme est refoulé partiellement dans les vésicules séminales, partiellement dans la vessie. L'exercice suivant peut être efficace contre l'éjaculation précoce, mais aussi contre l'impuissance sexuelle.

Installez-vous confortablement, faites vos signaux et comme toujours, si vous en sentez encore le besoin, faites votre sophronisation de base, puis enchaînez ainsi :

[Je suis parfaitement relâché, détendu. Dans cette situation privilégiée, je deviens capable de contrôler mes organes internes, de devenir maître de mes fonctions... je porte toute mon attention sur mes testicules... je les imagine... ce sont eux qui font de moi un « mâle »... J'imagine qu'ils sécrètent du liquide qui passe dans mon sang... ce liquide agit sur un centre spécifique du cerveau, l'hypothalamus*, et provoque ma motivation sexuelle, mes envies... Je porte toute mon attention sur cette zone privilégiée de mon corps... je m'accepte en tant qu'homme... je vois le liquide hormonal entrer dans ma circulation et stimuler le centre de ma sexualité dans mon cerveau... je porte maintenant mon attention sur mes vésicules séminales... j'imagine ces petites poches qui mettent en réserve mon sperme... je les vois entourées de muscles lisses*.... je suis capable de les contrôler et je vais apprendre à relâcher immédiatement ces muscles, chaque fois que j'en aurai besoin pour retarder mon éjaculation... je vais créer en moi un signal automatique de détente de ces muscles... je relâche un peu plus ma vésicule séminale... et je pense : « Chaque fois que je pousserai un soupir, mes vésicules séminales se détendront complètement et je pourrai ainsi contrôler mon éjaculation. » L'exercice est terminé, je me prépare à ressortir de ma détente... je fais doucement, lentement, ma reprise, comme je l'ai apprise... après avoir ouvert les yeux, je reste quelques instants tranquille, sans penser à rien, avant de reprendre mes occupations.]

C) La frigidité

Il ne s'agit pas ici de faire une approche psychanalytique de ce vaste problème qui touche de plus en plus de femmes. Les causes les plus fréquentes sont soit des traumatismes sexuels ou affectifs, soit des problèmes liés aux parents et à l'enfance. Le plus souvent, la femme n'est pas frigide, c'est presque toujours le partenaire sexuel qui est responsable de son état. Je dis souvent, avec peu de chance de me tromper : « Il n'y a pas de femmes frigides, il n'y a que des hommes incapables. » Evidemment, il y a des exceptions. De toute façon, la frigidité devrait toujours être soignée en couple. Je vois trop souvent des patientes envoyées par leur mari à la consultation, accusées de leur frigidité. Souvent, hélas, le mari ne veut pas admettre sa part de responsabilité.

De simples exercices ne sont souvent pas suffisants. Un soutien thérapeutique est presque toujours recommandé. Les cas de frigidité primaire sont tout à fait exceptionnels. L'essentiel est de déterminer la cause du trouble. Si vous êtes dans cette situation, essayez de vous poser quelques questions, comme par exemple : « Quand cela a-t-il commencé ? Ai-je vécu un traumatisme sexuel ? Ai-je assisté à l'accouplement de mes parents ou d'autres personnes ? Ai-je été violée ou violentée ? Ai-je eu un ou des partenaires avec qui j'ai pu obtenir l'orgasme ? Mon partenaire actuel correspond-il à mon idéal d'homme ? S'y prend-il comme je l'espère dans la sexualité ? Que devrait-il changer pour que j'aie plus de plaisir ? Est-ce que j'établis un dialogue suffisant avec mon partenaire sexuel ? Mon anatomie est-elle normale ? Ai-je des désirs sexuels ? Si c'est le cas, sont-ils dirigés vers mon partenaire ou vers d'autres personnes réelles ou imaginaires ? Ma frigidité est-elle générale ou seulement vaginale ou clitoridienne ? » Etc. Essayez de comprendre ce qui se passe en vous, quelle est la — ou les raisons — de votre frigidité.

Parlez-en ouvertement à votre conjoint, dites-lui tout ce que vous ressentez et pensez sans aucune censure. Une autre question essentielle que vous devez vous poser est la suivante : Suis-je amoureuse de mon partenaire sexuel ? Le doute ou la réponse négative à cette question suffit à expliquer votre frigidité. Le sexe sans amour est une stupidité, vous n'êtes pas une machine, un vagin, vous êtes un être humain. L'amour sentiment est fondamental pour réaliser votre sexualité. Souvent, un changement de vie ou de partenaire est indispensable pour résoudre le problème de la frigidité. Réfléchissez bien à votre cas et entraînez-vous aux exercices suivants.

Exercice 1

Avant de pratiquer l'exercice, examinez une table anatomique des organes génitaux féminins. Installez-vous confortablement, assise ou couchée, fermez les yeux. Faites vos signaux et approfondissez, si nécessaire, votre détente par une sophronisation de base.

[Je suis complètement détendue, je vais prendre conscience du fait que je suis une femme et apprendre à m'accepter en tant que telle, ainsi qu'à accepter ma sexualité. Je vais imaginer que je deviens toute petite, de plus en plus petite, je ne mesure plus qu'un centimètre. C'est un peu comme un conte de fées, comme Alice au pays des merveilles. Je me vois debout entre mes jambes et je regarde mes organes génitaux extérieurs. Je vois clairement mes grandes lèvres, mes petites lèvres, mon clitoris* et l'ouverture de ma vulve. Je vois aussi mon périnée* et mon anus. Je découvre mes parties secrètes et sacrées. Je les regarde et les accepte comme étant une partie de mon être. Je vois mes organes qui font de moi une femme. Mon sexe est comme une fleur. Il est capable de procurer une sensation de plaisir et de bien-être, j'ai le droit de connaître ce plaisir, je me donne ce droit... Je vais pénétrer à l'intérieur de ma vulve... c'est comme un tunnel humide et souple... je pénètre et vois tous les détails... j'appuie sur les parois... elles sont élastiques et souples... je découvre des zones particulièrement sensibles... je les laisse s'éveiller à la sexualité... je pénètre davantage et je me trouve au fond du vagin. Il y a comme une chambre, avec une ouverture vers le haut... c'est le col de l'utérus... j'essaie d'en sentir la consistance, c'est plus résistant, plus dur... je me glisse par la petite ouverture du col et entre dans mon utérus (si vous avez subi une hystérectomie*, ne faites pas cet exercice)... j'entre dans une chambre qui est destinée à la conception éventuelle d'un enfant... C'est là qu'il peut se fixer et grandir jusqu'à la naissance... c'est un endroit chaud et douillet... les parois sont très souples... je découvre deux ouvertures... l'une à gauche, l'autre à droite... c'est l'ouverture des trompes... c'est là que, chaque mois, l'ovule arrive dans l'utérus... je remonte une trompe... cela est plus étroit, mais très souple et moelleux... il y a du liquide à l'intérieur... je remonte jusqu'en haut, cela devient plus large, un peu comme une trompette... tout au fond, je découvre mon ovaire... cette glande à sécrétion interne qui m'a donné mes caractères sexuels secondaires, tels ma voix, mes seins, mes cheveux féminins, etc. C'est aussi cette glande qui règle mon cycle, garantit la grossesse et me motive sexuellement. Je vois les hormones féminines qui coulent de cette glande dans le sang... je vois qu'elles vont agir sur des centres sexuels dans mon cerveau... j'imagine le trajet parcouru par ces hormones... La communication ovaire-cerveau se fait parfaitement bien et totalement libre... je redescends dans l'utérus et fais le même trajet dans l'autre trompe, vers l'autre ovaire... je contemple de l'intérieur mes organes de femme... je m'accepte en tant que femme... j'admets que cette extraordinaire structure anatomique que je découvre n'a pas pour seul but la conception d'enfants, mais aussi la production de plaisir... j'ai le droit à l'orgasme... au plaisir sexuel... à l'épanouissement de ma sexualité... je prends confiance en moi... j'apprécie d'être une femme... je peux maintenant ressortir à l'air libre... je repasse à travers l'utérus, le col, le vagin, et jette encore un regard amical sur mes organes génitaux... je grandis et reprends ma dimension normale... je respire lentement et tranquillement... je pense à l'inspiration : « Je m'accepte en tant que femme. » Je laisse pénétrer cette pensée dans tout mon corps, dans toutes me cellules, dans toutes mes molécules, dans tous mes atomes... Pour corporaliser cette pensée, je tends tout mon corps aussi fortement que possible... puis je relâche... je reste quelques instants tranquille... je me prépare à ressortir de ma détente progressivement, je fais la reprise comme je l'ai appris au début du livre. Avant de me lever, je m'accorde quelques secondes.]

Exercice 2

Faites cet exercice uniquement si vous aimez votre partenaire sexuel.

Commencez comme d'habitude : position confortable, signaux, sophronisation de base, puis enchaînez :

[Je me trouve dans un endroit qui me plaît, n'importe où dans le monde, seule avec mon ami (mari). Le site est beau, je sens l'odeur de la nature qui nous entoure, j'entends le chant des oiseaux, le bruit des insectes, peut-être y a-t-il un peu de vent... Je vois tous les détails de ce paysage où je me trouve avec l'homme que j'aime... je me sens pleinement heureuse... il n'y a que lui et moi... je suis très proche de lui... nous sommes main dans la main, assis tous les deux, admirant la nature... je sens quelque chose qui s'éveille en moi dans cette ambiance privilégiée. Je sens monter en moi un désir sexuel... je le manifeste à mon partenaire... nous nous enlaçons... j'ai envie de faire l'amour... je me vois réaliser mon désir dans cette nature... je suis tout à fait détendue... je vis cet acte sexuel avec tout mon être... je me laisse aller aux sensations, aux caresses réciproques... à la pénétration... à la jouissance... je prends tout mon temps. Je me laisse totalement aller à l'amour... je me sens libre et heureuse... les sensations sont de plus en plus vives, la communication sexe-cerveau est libre... je me laisse entièrement aller... je me donne le droit de jouir...

Une fois ces images vécues, je reste un moment tranquille et vis pleinement l'instant *ici et maintenant*. Lorsque je le désirerai, je pourrai faire ma reprise, à mon rythme...]

Cet exercice doit être répété. Toutes les sensations ne s'éveillent pas d'un coup. Un entraînement régulier est nécessaire pour obtenir de bons résultats. Une méthode peut être valable pour une personne et inutile pour une autre, il n'y a pas de miracle.

Exercice 3

Faites cet exercice après l'avoir enregistré sur une cassette, n'essayez pas d'en comprendre le sens. La technique est d'inspiration symbolique et peut agir, par son message, au niveau du subconscient et de l'inconscient.

[Je m'installe confortablement, en disposant de suffisamment de temps pour ne pas être dérangée... je ferme les yeux, fais mes signaux et renforce ma détente par une sophronisation de base, si cela est nécessaire... Une fois le niveau sophroliminal atteint, je me mets à respirer lentement et profondément... je vais associer ma respiration à des mots porteurs d'images... à chaque inspiration, je vais penser à un mot et en vois la représentation, et à chaque expiration, je vais simplement penser « blocages sexuels » en imaginant que mes défenses sexuelles sortent avec l'expiration... je vais penser chaque mot sept fois de suite à l'inspiration, avant de passer à un autre mot... ma respiration est maintenant régulière, calme et profonde... je pense à l'inspiration « poisson » et en vois l'image... à l'expiration « blocage sexuel » sept fois de suite... « huître »... « grotte »... « vase »... « épée »... « arbre »... « aigle »... « tigre »... « soleil »... « serpent »... je prends tout mon temps et peux imaginer la représentation des mots que j'évoque. Je peux même me voir toucher les objets avec plaisir... lorsque j'ai terminé avec les mots précédents, je continue avec deux mots : « vulve »... et « phallus* » de la même manière... A la fin, je reste un moment tranquille, puis je procède à la reprise classique, lentement... Comme d'habitude, je ne me lève pas brusquement, j'attends un moment avant de reprendre mes occupations.]

D) L'homosexualité

Qu'elle soit masculine ou féminine, le processus est identique. Curieusement, les amours homosexuelles sont souvent plus intenses que les hétérosexuelles.

J'ai traité de nombreux cas de dépression réactionnelle suite à des ruptures affectives brusques d'homosexuels. Il est inutile de vouloir soigner l'homosexuel, il n'est pas malade, il doit apprendre à accepter son état, à l'intégrer et à ne pas se sentir complexé vis-à-vis des autres. La cause en est mal connue, le rapport symbolique avec les parents peut être l'une des raisons, l'éducation reçue une autre. Un facteur génétique intervient probablement aussi. L'excès d'énergie de la libido animique* serait également, en partie responsable de cet état. C'est un grand problème social, surtout avec l'apparition du sida. Les homosexuels vivent souvent des relations multiples, ce qui naturellement les expose.

Je propose dans ce livre un seul exercice pour homosexuels des deux sexes. Il s'agit d'une technique d'acceptation de soi.

Exercice

[Je me mets dans une position confortable, assis ou couché, je ferme les yeux... je fais mon ou mes signaux et renforce, si nécessaire, mon état de détente par une sophronisation de base... plus mon corps se détend, plus j'en prends conscience... je contracte les muscles de mon visage aussi fort que possible, puis je les relaxe... je prends bien conscience de mon visage sans tension... cette détente, j'essaie de la faire pénétrer dans ma tête... je relâche tous les vaisseaux sanguins autour de mon cerveau... pour apporter davantage d'oxygène à mon cerveau, je vais respirer à fond, remplir mes poumons d'air... pendant qu'ils sont pleins, je tourne la tête comme pour dire « non » le plus longtemps possible... en faisant cela, j'augmente le volume du sang circulant dans et autour de mon cerveau... je lui apporte de l'oxygène et du glucose, ses deux aliments principaux... Dans mon cerveau, il y a un centre de représentation de mon corps, le centre du schéma corporel*... je prends totalement conscience de ma tête sans tension, je tends fortement mes bras et mes jambes en respirant normalement... je maintiens la tension, puis je relâche brusquement... je sens mes bras et mes jambes détendus et lourds, j'en prends totalement conscience... je croise mes bras sur le thorax et le comprime le plus possible... je détends mon thorax et en prends conscience... tout mon thorax se détend... particulièrement mes poumons et mon coeur... à l'expiration, je me libère de mes problèmes affectifs passés et présents... je me libère de toute culpabilité à l'égard de ma sexualité... à l'inspiration, je pense : « Je m'accepte tel que je suis, je m'aime comme je suis... » Je fais cela pendant au moins trois minutes... je serre fortement les fesses... le plus fort possible... et je relâche... je prends conscience de ma sphère sexuelle... de mon sexe... de mon périnée* et de mon anus... je vis mon anatomie génitale... j'accepte mon sexe et ma sexualité telle qu'elle est sans aucune culpabilité... je m'installe très confortablement dans ma peau, dans mon corps... je suis bien dans ma peau... je suis capable de m'épanouir complètement tel que je suis... je me sens parfaitement normal... je ne suis pas responsable ni coupable de mon homosexualité... je l'accepte parfaitement et vis en harmonie avec elle et avec moi-même... J'apprécie le moment *ici et maintenant* et reste quelques instants tranquille dans mon corps détendu...

Je peux faire ma reprise habituelle, très lentement, en répétant mes signaux. Chaque fois que je ferai mes signaux - serrer les doigts, voir l'image du paysage - je serai immédiatement relaxé comme maintenant... je laisse l'énergie entrer en moi, je vis et sens mieux mon corps... j'ai davantage conscience de moi-même... je m'accepte tel que je suis... je bouge mes orteils, mes mains, je respire à fond, je m'étire fortement plusieurs fois de suite, je bâille, et enfin j'ouvre les yeux en souriant...]

CHAPITRE VII

Les maladies fonctionnelles

L'immense majorité des maladies qui affectent l'homme contemporain civilisé est fonctionnelle. Il n'existe pour ainsi dire plus de maladies organiques, c'est la raison pour laquelle nous nous efforçons, en sophrothérapie, de soigner *le malade* et non la maladie. Les maladies fonctionnelles se divisent en trois groupes : les névroses (comprenant en gros phobies, obsessions, angoisses et dépressions), les désordres psychogéniques (insomnie, maux de tête, douleurs en général, sans lésions organiques), les maladies psychosomatiques.

A) Les migraines, céphalées, maux de tête

Exercice 1

Mettez-vous debout, en position orthostatique, et fermez les yeux. Faites votre signal avec les doigts serrés et approfondissez votre détente par une sophronisation de base. Lorsque vous êtes bien détendu, videz vos poumons par une expiration forcée, puis respirez selon le principe de la respiration totale... Gardez les poumons pleins, tournez la tête comme pour dire « non », le plus longtemps possible... Quand vous ne pouvez plus retenir l'air, expirez brusquement en pensant que vous expulsez en même temps vos maux* *de tête... Faites cela trois fois de suite, le plus lentement possible. Une fois les exercices respiratoires terminés, pensez ce qui suit.*

[Mes douleurs sont comme quelque chose d'étranger dans ma tête, je peux me les représenter comme une lumière rouge... oui, c'est cela, une lumière rouge qui est dans ma tête et qui n'a rien à y faire... j'imagine bien cette lumière avec l'idée que je vais la faire sortir de moi comme un corps étranger... je vais l'extraire de ma tête, comme on enlève une épine du corps... je vois cette lumière rouge comme une ampoule électrique dans ma tête... je me vois la prendre de mes mains, je vois que je la sors de ma tête et la mets devant moi... c'est bien cela, la lumière rouge est devant mes yeux, j'ai extirpé le mal de l'intérieur pour le mettre à l'extérieur... je vois devant moi la lumière rouge, symbole de mon mal de tête... je vois cette lumière qui peu à peu s'éloigne de moi de plus en plus loin, elle devient de plus en plus petite, pour enfin disparaître à l'infini... mes idées sont claires, la circulation sanguine dans ma tête a repris son cours normal... je me sens libéré et libre intérieurement... Je reste quelques instants tranquille, je répète une fois encore le début de l'exercice... j'expire, je vide complètement mes poumons, puis j'inspire, je remplis le ventre, le thorax, les épaules, je bloque ma respiration poumons pleins et je bouge la tête comme pour dire « non » le plus longtemps possible... puis j'expire longuement et complètement... maintenant je me prépare à faire ma sortie habituelle... je bouge les pieds, les mains... je respire à fond... je m'étire complètement et enfin, doucement, j'ouvre les yeux.]

Beaucoup de céphalées, migraines, etc., ont une origine psycho-affective. Essayez de diminuer les agents stressants autour de vous et surtout, apprenez les diverses techniques sophroniques, telles que le TRAM, la Relaxation dynamique Ier et IIe degrés. Ces méthodes ne peuvent être enseignées que par un sophrologue formé. Leur pratique régulière a pour effet la rémission des troubles fonctionnels dans 60 à 70 % des cas. Si vous souffrez de maux de tête vraiment fréquents, avant de commencer une thérapie fonctionnelle, il est indispensable d'effectuer un examen neurologique, un électroencéphalogramme et/ou un scanner*. Si ces examens ne révèlent aucune lésion anatomique, vous pouvez être sûr que vos douleurs sont fonctionnelles.*

Exercice 2

En position assise ou couchée, relaxez-vous complètement grâce à vos signaux et à la sophronisation de base, puis continuez de la façon suivante.

[Je porte mon attention sur ma tête, sur la douleur que je ressens à l'intérieur... j'essaie de bien la localiser, la délimiter... où est-elle exactement ?... J'imagine maintenant que j'ai au sommet de mon crâne un petit soleil, qui envoie ses rayons vers mon cerveau... ses rayons lumineux sont pénétrants et vont petit à petit entrer dans ma tête et la rendre lumineuse intérieurement... tout va s'éclaircir en moi, sauf l'endroit où j'ai mal, qui va rester sombre... je sens, je vois la lumière avancer à l'intérieur de ma tête, mon cerveau devient lumineux... seule une partie est obscure, celle où se localise ma douleur... je laisse pénétrer la lumière aussi dans mon visage, mon cou et mes épaules... tout le haut de mon corps devient lumière... toute mon attention se fixe sur le point obscur, en même temps, je dirige tous les rayons de ma lumière intérieure dans cette direction... je vois ces rayons petit à petit pénétrer la zone sombre et l'envahir... elle devient de plus en plus brillante... à mesure que la lumière pénètre mon mal, je le sens disparaître, comme s'évaporer... il devient lumière... je laisse maintenant la lumière retourner dans le soleil au-dessus de moi... toute la lumière intérieure part, sauf dans la zone où j'avais mal. Là, elle reste présente et y restera d'une séance à l'autre... Je vois cette lumière ayant remplacée mon mal... je suis attentif à cette lumière qui s'est substituée à ma douleur... mon exercice est terminé, je me prépare à faire ma reprise habituelle lentement... chaque fois que j'utiliserai cette méthode, la lumière viendra plus rapidement et se fixera vite sur la douleur... je bouge mes orteils, mes pieds et mes jambes... etc.]

B) Les insomnies

Les exercices qui vont suivre sont complémentaires à ceux décrits au chapitre XII du tome 1. Nous n'abordons pas théoriquement le problème du sommeil, des ouvrages complets y sont consacrés. je vais seulement vous proposer quelques « trucs » pour vous aider à mieux dormir et peut-être aussi à supprimer votre dépendance médicamenteuse. Un américain sur trois prend des somnifères, la situation n'est guère meilleure en Europe. Les somnifères renforcent les insomnies, ils ne les guérissent jamais. Si vous êtes insomniaque, remettez en question votre mode de vie et développez le pourcentage de pensées positives (chapitre V). Beaucoup d'entre vous ont créé, sans s'en rendre compte, un réflexe conditionné : comprimé = sommeil. Ce n'est plus la composition chimique du somnifère qui vous fait dormir, mais le comprimé lui-même. Malheureusement, l'effet toxique (il y en a toujours) est bien réel.

Exercice 1

(Lisez le texte et faites l'exercice sans cassette.)

[Installez-vous comme pour dormir, dans la position qui vous convient le mieux. Les yeux fermés, pensez simplement à une main et prenez conscience de sa présence, de son existence. Imaginez chaque doigt. Faites le contour extérieur de votre main avec votre conscience. Imaginez que vous n'avez plus que cette main... elle peut vous paraître plus grande qu'en réalité, plus lourde aussi... peut-être avez-vous l'impression qu'elle s'enfonce dans son point d'appui... Focalisez votre attention uniquement sur votre main... oubliez tout le reste... Si des pensées parasites apparaissent, laissez-les passer, comme si vous étiez transparent... Gardez votre attention sur la main, jusqu'à presque extinction de votre conscience, c'est-à-dire le sommeil.]

Cet exercice simple est basé sur un fait neurologique. En vous concentrant sur un seul endroit de votre corps, avec insistance, vous créez une excitation corticale de votre cerveau, au point de représentation de cet endroit. Cette excitation localisée provoque automatiquement une inhibition progressive du reste du cortex* qui régit la fonction du centre du sommeil et du système limbique. Ainsi, le sommeil arrive naturellement.*

Exercice 2

(Toujours sans cassette.)

[Installez-vous dans votre lit, avec l'intention de dormir. Fermez les yeux et portez votre attention sur votre respiration. Comptez mentalement vos respirations. Petit à petit, expirez un peu plus vite que vous inspirez, tout en continuant à compter jusqu'à ce que vous vous endormiez...]

Cet exercice est aussi basé sur des notions de neurophysiologie. L'attention portée sur la respiration crée une inhibition corticale. De plus, pendant le sommeil, au contraire de la veille, l'expiration est plus brève que l'inspiration. Vous créez ainsi les conditions idéales pour vous endormir.*

Exercice 3

(Toujours sans cassette.)

[Achetez un métronome électronique (appareil pour mesurer la cadence d'une musique). Mettez-le sur votre table de nuit, à bonne distance pour que le son soit à peine audible. Réglez un rythme de deux battements à la seconde, soit cent vingt par minute. Couchez-vous dans la position qui vous convient le mieux et laissez le rythme agir sur votre cerveau...]

Pendant le sommeil, le rythme électroencéphalographique* ralentit de plus en plus. A l'état de veille, les ondes sont de qualité béta (12 à 35 cycles/seconde), dans le sommeil, on mesure jusqu'à 0,5 cycles/seconde. Le sommeil est présent entre 0,5 et 5 cycles/seconde, on parle d'ondes delta. La majorité des insomniaques font du rêve éveillé, en pensant à leurs problèmes et en restant des heures suspendus entre veille et sommeil (ondes alpha, 7 à 12 cycles/seconde).

Exercice 4

[Procurez-vous une cassette enregistrée du bruit des vagues de la mer, d'une chute d'eau ou encore, de chants d'oiseaux. Faites passer cette cassette très doucement. Installez-vous pour dormir. Ecoutez attentivement les sons et imaginez que vous vous trouvez dans le paysage d'où ils viennent, au bord de la mer, près d'une chute d'eau ou dans la nature. Voyez-vous dans cet endroit et regardez-vous ayant une activité quelconque, par exemple pêcher, nager ou cueillir des fleurs. Laissez-vous entraîner par votre imagination dans un rêve éveillé dirigé, qui peu à peu va vous conduire dans le sommeil...]

Exercice 5

(Sans cassette.)

[Installez-vous très confortablement, comme pour dormir. Faites vos signaux (serrez vos doigts, image du paysage) et laissez votre corps se relaxer totalement. Renforcez votre détente par une sophronisation de base. Une fois détendu, focalisez votre attention sur votre respiration et pensez à l'inspiration HAM et à l'expiration SHA... Faites cela jusqu'à ce que vous vous endormiez...]

Cette technique utilise un mantra indien très efficace. En sanscrit HAM veut dire « je suis » et SHA « cela ». La répétition mentale de ces deux syllabes produit un effet de détente d'abord et de somnifère ensuite.

Quelques « trucs » simples pour vous aider à dormir :

1. Le lit doit être orienté nord-sud (tête au nord).
2. Les pieds devraient être légèrement surélevés.
3. Le lit ne doit pas se trouver dans un noeud de Hartman* (si vous dormez bien hors de chez vous, pensez à cela).
4. Ne portez aucun habit en fibres synthétiques.
5. Ne mettez que des draps en coton.
6. Remplacez les draps de dessus et les couvertures par un grand duvet en plumes d'oie, à la suédoise.
7. Ne buvez pas de café, thé, cacao, alcool avant d'aller vous coucher.
8. Evitez des jeux excitants (cartes, échecs).
9. Ne regardez pas de films violents à la télévision ou mieux, ne la regardez pas du tout. Cet appareil charge l'air d'ions positifs qui empêchent de dormir. Bien des gens s'endorment devant la télévision, mais une fois couchés dans leur lit, ils ne peuvent plus se rendormir, ils sont surchargés d'ions positifs.
10. Prenez un bain chaud avant d'aller vous coucher, le plus chaud possible (décharge des ions positifs) ou prenez une douche chaude (charge en ions négatifs favorisant le sommeil).
11. Ne traînez pas les pieds sur des moquettes en nylon (surcharge en ions positifs).
12. Un rapport sexuel réussi favorise le sommeil.
13. Buvez des tisanes (fleurs d'oranger par exemple) sans sucre. Remplacez vos somnifères progressivement par des tisanes. Un verre = un comprimé de somnifère.
14. Habituez-vous, jusqu'à ce que vous ayez retrouvé le sommeil, à vous coucher toujours à la même heure. Cela provoque un réflexe conditionné de sommeil.
15. Respirez toujours par le ventre (essentiel).
16. Pratiquez régulièrement des exercices de sophrologie pour mieux gérer le stress.

C) Lombalgies et dorsalgies

Pour les considérations générales sur la douleur, référez-vous au tome 1, chapitre XXIV.

Beaucoup de gens souffrent de douleurs dans le dos. Parfois, la cause de ces algies* est physique, particulièrement à la suite d'accidents de la colonne vertébrale, ou structurale, par des malformations congénitales, dans le cas de scoliose par exemple ou de hernies discales. Dans ces cas, la rééducation ou la chirurgie est nécessaire. La sophrologie ne peut être qu'un soutien et une aide secondaire. Mais dans la grande majorité des cas, les douleurs dorsales sont d'origine psychique et en rapport direct avec le stress excessif qui se manifeste par des contractions musculaires souvent très douloureuses. L'intervention d'un chiropraticien est très utile pour soulager la douleur. Son travail consiste à rééquilibrer la musculature dorsale en éliminant les surtensions. Hélas, le résultat est de courte durée si on n'a pas éliminé la cause du mal. Les lombalgies et dorsalgies, comme tous les symptômes fonctionnels, ont une signification symbolique. Dans le langage de l'inconscient, ils constituent un avertissement.

Pour une guérison réelle et définitive de toute maladie fonctionnelle, il faut essayer de rendre conscient le langage symbolique du symptôme.

C'est à cela que va aspirer la médecine du futur; elle n'aura plus besoin d'utiliser des pis-aller chimiques de manière systématique. Le médicament restera utile pour une période courte, au début du traitement, jusqu'à ce que la signification symbolique soit révélée à la conscience. Dès cet instant, il deviendra inutile, voire dangereux.

Les douleurs dorsales sont très révélatrices de problèmes liés à la vie et peuvent vouloir dire par exemple :

« J'en ai plein le dos »,

« C'est une trop lourde charge pour moi »,

« Cette situation est insupportable pour moi », etc.

Si vous avez de telles douleurs, essayez de réfléchir à leur message. Peut-être faudrait-il envisager un changement de votre mode de vie.

Exercice 1

Couchez-vous confortablement sur le dos, si possible par terre, avec un gros coussin sous les genoux et un autre sous la nuque. Posez vos mains sur le bas-ventre, sans qu'elles se touchent, et fermez vos yeux. Vous pouvez au préalable enregistrer une cassette.

[Je m'installe le mieux possible, de manière à ce que mon dos épouse bien la forme du sol. Je fais mon signal habituel et je renforce ma détente par une sophronisation de base... Une fois bien détendu, je porte toute mon attention sur la partie du dos endolorie. Je prends conscience de cette zone et j'essaie d'imaginer que les nombreux muscles qui s'y trouvent se détendent progressivement... A mesure de leur détente, toute la zone devient chaude, de plus en plus chaude... Je suis capable de remplacer la sensation de douleur par cette chaleur... c'est comme si le sol sous mon dos se mettait à émettre de la chaleur, une chaleur pénétrante... cette chaleur va subsister pendant deux heures après la séance... elle remplace la douleur... chaleur à la place de douleur... pendant deux heures... Lorsque je ressentirai à nouveau une douleur, je serai capable de la remplacer par de la chaleur... pour cela, il suffira de pousser un profond soupir... chaque fois que je pousserai un profond soupir, la chaleur s'établira dans mon dos pour deux heures... Je m'abandonne complètement à la prise de conscience de mon dos... chaleur... Sur mon écran mental je laisse venir n'importe quelle image en rapport avec ma vie actuelle, en pensant que l'image qui va apparaître est en rapport avec mes douleurs dorsales... Peut-être mon subconscient m'indiquera-t-il la signification de ma douleur... me dira ce que je dois modifier dans ma vie... je laisse les choses venir spontanément, sans volonté, sans effort... je fais en quelque sorte mon auto-analyse... Je sais qu'à partir de maintenant, je serai capable de remplacer la sensation douloureuse par de la chaleur, simplement en poussant un profond soupir... A l'expiration, tous les muscles de mon dos sont totalement relâchés et me donnent l'impression de chaleur... Mon exercice est maintenant terminé. Si je le désire, je peux le prolonger à volonté... je suis prêt pour ma reprise habituelle, lente et progressive. Je répète encore mon nouveau signal : soupir = chaleur dans le dos... je réitère aussi mes autres signaux de détente... chaque fois que je serre le doigts ou que je regarde l'image de mon paysage, je suis totalement relaxé, je suis au niveau sophroliminal... Je bouge mes orteils, mes doigts, mes jambes et mes bras... je respire à fond... je m'étire fortement... je bâille... et enfin, j'ouvre les yeux.]

Je vous conseille, si vous avez mal au dos, de répéter cet exercice tous les jours pendant un certain temps, jusqu'au moment où vous aurez vraiment créé la chaleur et le réflexe conditionné : soupir-chaleur. Peu à peu, vous pourrez probablement établir une relation de cause à effet, et comprendre la signification de vos algies. Si vous les comprenez, analysez quels changements vous pourrez faire dans votre vie pour supprimer la cause de vos maux.

Exercice 2

(Sans cassette.)

[Couchez-vous sur le dos, à même le sol, en laissant de la place entre votre tête et le mur. Mettez un coussin sous les genoux et un autre sous la nuque. Si vous en avez l'envie et la possibilité, écoutez en sourdine un morceau de musique classique que vous aimez. Fermez les yeux et, pendant quelques instants, portez toute votre attention sur la région du dos qui vous fait souffrir. Imaginez son anatomie, rappelez-vous les vertèbres, les ligaments, les muscles et les nerfs de cette région, dessinez-la mentalement... Tendez votre bras droit vers le haut, comme pour vous rallonger... tendez fortement votre jambe gauche, comme si vous vouliez toucher la paroi opposée... forcez le plus possible, sans quitter le contact avec le coussin sous le genou... relâchez lentement... recommencez le même exercice avec l'autre bras et l'autre jambe... tendez fortement le bras gauche et la jambe droite... avec ces mouvements vous allongez votre colonne vertébrale, vous la dénouez en quelque sorte... relâchez tous les muscles et faites votre sophronisation de base, maintenez-vous en « état sophronique » sans rien faire d'autre, pendant dix minutes... Faites ensuite votre sortie habituelle.]

D) Contrôle des glandes à sécrétion interne

Les fonctions des glandes à sécrétion interne sont automatiques et réglées par le système diencéphalique*. Le système endocrinien (des glandes à sécrétion interne) fait partie intégrante de la triade : cerveau - système immunitaire* - glandes endocriniennes. En réalité, tout est régi par le contrôle neurologique du cerveau. Cela revient à dire que les dérèglements hormonaux multiples, fréquents dans notre société, sont le plus souvent liés à des problèmes psycho-affectifs. Les travaux de Laborit et de Selyé sur le stress nous en donnent les preuves scientifiques. Dans ce sous-chapitre, je ne peux pas développer les théories relatives à l'effet du stress au niveau des glandes endocriniennes. Je me contenterai de proposer quelques exercices simples, qui vont vous permettre, avec de l'entraînement, d'agir à volonté sur n'importe quelle glande, qui fonctionne trop ou insuffisamment. En effet, les travaux de Luis-Perez Slocker de Madrid ont démontré qu'en « état sophronique », chacun d'entre nous est capable de contrôler les mécanismes automatiques du diencéphale et peut influencer n'importe quelle fonction. Les grands yogis l'ont prouvé depuis des millénaires. Avant d'agir sur une glande, il faut consulter des tables anatomiques, pour bien les situer dans votre corps et pouvoir ensuite vous les représenter. Ces glandes sécrètent des liquides (hormones) directement dans le sang. Ces hormones sont indispensables à l'équilibre chimique de notre corps, ce sont des produits vitaux, tout comme les vitamines. Ces dernières sont prises à l'extérieur du corps par notre alimentation, alors que les premières sont synthétisées en nous. Nous allons supposer deux exemples pratiques, que vous pourrez ensuite adapter à votre corps, pour n'importe quelle glande déficiente. Imaginons une personne avec trop de sucre dans le sang, c'est-à-dire un manque de sécrétions d'insuline par les îlots de Langerhans* dans le pancréas, exposée à un début de diabète. Une autre personne, dont la thyroïde travaille trop, avec les symptômes associés d'excès d'appétit, de besoin de bouger sans cesse, d'exophtalmie*, de grande nervosité. Ce dernier cas, plus complexe, d'hyperfonction de la thyroïde, est provoqué soit directement par un dérèglement thyroïdien, soit indirectement par une fonction exagérée de l'hypophyse, qui sécrète l'ACTH, hormone stimulant la thyroïde. Nous allons donc essayer d'agir en même temps sur ces deux glandes en freinant les sécrétions hormonales. L'ACTH n'est qu'une des hormones hypophysaires, il ne faudra agir que sur elle, sans inhiber les autres hormones de cette glande à sécrétion interne fondamentale. Pour le profane, cette explication peut paraître quelque peu compliquée, mais nécessaire.

Exercice 1

Hypofonction du pancréas, *trop de sucre dans le sang. Vous pouvez adapter cet exercice pour n'importe quelle autre glande, en remplaçant en particulier les mots « pancréas » et « îlots de Langerhans » par le nom de la glande que vous voulez stimuler et le mot « insuline » par celui de l'hormone que vous voulez augmenter dans le sang.*

Installez-vous comme d'habitude, assis ou couché, à votre convenance. Fermez les yeux et respirez tranquillement par le ventre. Faites vos signaux de relaxation (doigts serrés ou image de votre paysage). Approfondissez votre détente par une sophronisation de base.

[Je porte maintenant toute mon attention sur mon pancréas... cette glande logée au milieu de mon ventre sécrète des enzymes digestives, qui sont véhiculées par un tube jusque dans l'intestin... cela ne m'intéresse pas... au milieu des cellules sécrétant ces enzymes il y a des « nids » de cellules différentes qui, elles, produisent l'insuline qui passe directement dans le sang et règle le taux de mon sucre. Ce sont ces cellules que je vais mentalement stimuler... je les imagine avec précision et je vois le liquide couler dans mon sang... en même temps, sur mon écran mental, je vois écrit en lettres rouges : « Un gramme par litre »... c'est le taux normal de sucre que je dois avoir dans le sang... j'imagine ce taux dans mon sang... je vois parfaitement mes cellules pancréatiques se remettre à travailler normalement... je m'imprègne de cette image... je vois parfaitement mes cellules s'activer... un gramme par litre... je répète mentalement plusieurs fois cela, en voyant cette phrase écrite dans ma tête... à l'inspiration je pense fortement : « Un gramme par litre »... c'est la quantité de sucre que je veux avoir à l'avenir dans mon sang... je suis prêt pour ma reprise... et je fais ma sortie habituelle... je reste quelques instants tranquille avant de reprendre mes occupations...]

Cet exercice, pour être efficace, doit être répété tous les jours jusqu'à ce que les hormones soient éventuellement stabilisées.

Exercice 2

Hyperfonction de la thyroïde, *éventuellement hyperfonction de l'hypophyse. Consultez un livre d'anatomie pour situer ces deux glandes dans votre corps. Asseyez-vous confortablement.*

[Les yeux ouverts, je tends devant moi mon bras droit, poing serré, le pouce dressé verticalement... je porte toute mon attention sur l'ongle... lentement, je rapproche mon pouce de mon visage... mon regard est fixé uniquement sur mon ongle... je le dirige vers ajna (agna)* au centre de mon front... je louche pour n'avoir qu'une seule image de mon ongle... au moment où je touche mon front, mes yeux se ferment spontanément... je les laisse fermés et me relaxe complètement... pour cela, je laisse venir sur mon écran mental l'image de mon paysage... je fais l'inventaire des points de contact de mon corps avec mon siège... je prends conscience de ces points d'appui, de la force de gravitation terrestre qui agit sur moi... je porte toute mon attention sur l'ajna, ce point où se situe pour les orientaux le troisième oeil... ce point est la projection extérieure de mon hypophyse... cette petite glande, de la dimension d'un petit pois, est la régulatrice de beaucoup de fonctions dans mon corps... je l'imagine, suspendue sous mon cerveau... j'imagine qu'elle sécrète davantage d'ACTH, qui va stimuler ma thyroïde... je la vois injecter dans mon sang cette hormone régulatrice... j'ai même l'impression que mon hypophyse devient chaude, comme une petite lumière rouge allumée sous mon cerveau... je vis cela pendant environ deux minutes... je me concentre mentalement sur mon cou, sur ma gorge... au centre, se trouve ma glande thyroïde, elle a la forme d'un papillon, je me concentre sur son image et je la laisse provisoirement devenir chaude... mon cou devient plus chaud à l'intérieur... j'arrive mentalement à délimiter parfaitement ma glande thyroïde, à la stimuler... je vois, j'imagine la thyroxine* qui coule dans mon sang... je vis cela pendant environ deux minutes... maintenant, je me regarde dans l'avenir... je me vois moins agité, plus clame, mon métabolisme s'équilibre, devient normal... je me vois dans l'avenir avec précision, avec les changements dus à la sécrétion normale de thyroxine... je m'imprègne de cette image de moi... je reprends un peu de poids... je me vois tel que je voudrais être... pour corporaliser cette image, je tends tout mon corps le plus possible, encore plus fort, et je relâche... je reste quelques instants tranquille, puis me prépare à faire ma reprise comme d'habitude, sans oublier d'attendre quelques instants avant de retourner à mes occupations.]

Bien entendu, ces exercices n'excluent aucunement l'intérêt, et souvent la nécessité, de recourir à un endocrinologue pour évaluer l'état de votre équilibre hormonal.

E) Contrôle de la tension sanguine

Deux cas sont à considérer: l'hypertension (de loin la plus fréquente) et l'hypotension. La tension est mesurée au bras (chacun d'entre nous en a fait l'expérience) et indique deux chiffres distincts : 1. la tension systolique (tension dans les vaisseaux sanguins au moment où le coeur se contracte) et 2. la tension diastolique (tension des vaisseaux au moment où le coeur se remplit). La mesure normale à vingt ans est de 120 - 80. Avec l'âge, ces chiffres augmentent progressivement, à mesure que les artères perdent de leur élasticité. S'ils sont nettement en dessous ou au-dessus des normes établies selon l'âge, il y a pathologie. L'hypertension chronique est très fréquente et peut conduire à des hémorragies cérébrales, infarctus, crises d'apoplexie, etc. C'est une maladie grave qui nécessite l'intervention d'un spécialiste et la prise de médicaments, le plus souvent des bétabloquants. Dans ce cas, le médicament est absolument indispensable, au moins pendant un certain laps de temps. Il faudra accompagner le traitement par une série de changements alimentaires : diminution, voire suppression de la consommation de viande, de produits laitiers, etc. Arrêter de fumer; la fumée tue plus de gens que les accidents de la circulation à cause des troubles circulatoires provoqués par la nicotine.

L'hypotension, elle, est plus rare et surtout beaucoup moins dangereuse. Son traitement est néanmoins difficile. Les médicaments agissent mal et à court terme. Le patient se sent vite fatigué et manque d'énergie. Il faut essayer de tonifier la musculature vasculaire et le coeur par la pratique régulière de sport et d'efforts physiques. Il peut y avoir parfois des troubles de l'équilibre et des vertiges.

Voici deux exercices, l'un contre l'hypertension, l'autre contre l'hypotension.

Exercice 1 — Hypertension

Pour ne pas vous endormir, installez-vous de préférence assis.

[Je ferme mes yeux et porte toute mon attention sur ma respiration abdominale, calme et profonde... ce que j'ai appris jusqu'à maintenant va considérablement m'aider à faire baisser ma tension sanguine... Tout particulièrement les deux signaux que je fais maintenant. je serre les doigts et en même temps, je regarde sur mon écran mental mon paysage... Immédiatement ma tension baisse et devient normale... Je peux approfondir ma détente en faisant une sophronisation de base... peu à peu, dans la vie de tous les jours, à tous les instants, j'essayerai de rester détendu comme maintenant, même devant des situations de tension... il me suffira de serrer les doigts ou de regarder mon paysage, dans n'importe quelle position ou situation, pour qu'immédiatement ma tension devienne normale... Sur mon écran mental je vois écrit en lettres rouges les chiffres de la tension exagérée, que mon médecin m'a indiqués... je les regarde bien... (par exemple 180 - 130)... j'efface ces chiffres sur mon écran mental et les remplace par la tension normale correspondant à mon âge (par exemple 120 - 80)... je vois ces chiffres clairement écrits en lettres de feu... je m'imprègne de ces deux chiffres... j'imprègne les cellules de mon cerveau, particulièrement de mes surrénales*, de tout mon corps... pour faire pénétrer ces chiffres dans mes cellules, mes molécules, mes atomes, je tends tout mon corps aussi fortement que possible... je maintiens la tension assez longtemps... puis je relâche tout en pensant fortement aux deux chiffres et à mes artères qui se détendent... Avec la répétition, le changement va peu à peu se stabiliser et je pourrai probablement diminuer mes médicaments, voire peut-être les supprimer avec l'accord de mon médecin... je sais qu'il me suffit de serrer les doigts ou de fermer les yeux et de regarder mon image du paysage pour qu'immédiatement j'obtienne une réponse-relaxation de tout mon corps... je suis prêt pour faire lentement ma reprise, etc.]

Exercice 2 — Hypotension

Lorsque vous sentez une baisse de tension, pour la faire monter rapidement, faites l'exercice suivant.

Mettez-vous debout en position orthostatique*. Expirez complètement l'air que vous avez dans les poumons en comptant à haute voix. Quand vous vous sentez complètement vidé, inspirez à fond, en remplissant les trois étages respiratoires : ventre, thorax, épaules. Retenez l'air, poumons pleins, tout en tendant tous les muscles de votre corps, bras tendus vers le plafond. Retenez le plus longtemps possible. Quand vous ne pouvez plus, expirez lentement jusqu'à ne plus avoir d'air dans les poumons, en comptant à nouveau. Une fois les poumons vides, faites sortir et rentrer votre ventre sans respirer, le plus longtemps possible, puis reprenez votre respiration normale. Votre tension est montée pendant cet exercice et restera plus haute pendant un certain temps. Faites-le chaque fois que vous en sentirez le besoin. Au début, ne forcez pas, augmentez progressivement la tension et l'intensité de votre respiration.

Exercice 3 — Hypotension

Deux hormones sont notamment responsables de la tension sanguine : la vasopressine, sécrétée par l'hypophyse, et l'adrénaline, sécrétée par les médullo-surrénales. Vous pouvez essayer de faire le même exercice que celui proposé pour l'hypofonction du pancréas (exercice 1, contrôle des glandes à sécrétion interne) en remplaçant l'image du pancréas par celle de l'hypophyse et des surrénales, en imaginant ces glandes et leurs sécrétions augmentées.*

Exercice 4 — Hypotension

Couchez-vous ou asseyez-vous confortablement. Relaxez-vous le plus possible, en utilisant le moyens que vous connaissez (signaux et sophronisation de base). Une fois le niveau sophroliminal atteint, pensez ceci :

[Je porte toute mon attention sur mon écran mental où je vois s'inscrire en gros caractères les deux chiffres qui correspondent à ma tension actuelle (par exemple 100-70). Je sais qu'ils sont trop bas et que ma tension sanguine dépend d'une multitude de facteurs. Mon cerveau est le maître à bord, il dirige toutes mes fonctions, y compris ma tension sanguine. Je vais donc inscrire dans tous les neurones de mon cerveau les chiffres que je veux obtenir. Pour cela, j'efface de mon écran mental les deux premiers chiffres et je les remplace par 120-80... je vois ces deux valeurs clairement écrites sur mon écran mental... Je vais les faire entrer dans la mémoire de mes cent milliards de neurones de mon cerveau... je commence à respirer lentement et profondément... à l'inspiration je pense fortement à ces deux chiffres que j'inscris dans mon cerveau... je me mets à respirer par mon cerveau... à l'inspiration il se gonfle, à l'expiration il se contracte... je vois ces deux nombres s'imprimer dans tous mes circuits nerveux... dans tous mes neurones... dans tout mon cerveau... Je respire à nouveau par mes poumons et je laisse à l'inspiration ces deux chiffres pénétrer tous les tissus de mon organisme, tous mes organes, toutes mes cellules, toutes mes molécules, tous mes atomes... je m'imprègne de ces deux nombres comme une éponge s'imprègne d'eau. Pour corporaliser cela, je tends tout mon corps le plus fortement possible, sans cesser un seul instant de penser 120-80... Je relâche tout mon corps et arrête de penser pendant un moment... je me relaxe totalement, en appréciant l'instant *ici et maintenant*... Puis je fais ma reprise habituelle lentement...]

Répétez souvent cet exercice. Vous pouvez enregistrer une cassette pour faciliter l'enchaînement de la séance. La durée totale devrait être d'environ quinze minutes.

F) Contrôle du rythme cardiaque

Il est bien connu que les yogis sont capables d'accélérer ou de ralentir le rythme des battements de leur coeur. S'ils y parviennent, pourquoi ne pourrions-nous pas essayer d'en faire autant ? J'ai assisté aux Etats-Unis à des expériences faites avec un yogi et pu vérifier, au moyen d'appareils de mesure précis, des modifications de rythme importantes. Mentalement ou mieux, par la pensée, tout est possible.

La bradycardie* et la tachycardie* sont des troubles courants qui sont difficiles à traiter. Ils font partie, la plupart du temps, des maladies essentielles, maladies dont on ne connaît pas les causes ni les traitements.

Dans les exercices qui vont sont proposés, en état de détente, au niveau sophroliminal, essayez de modifier votre rythme cardiaque, de l'accélérer ou de le ralentir, selon vos besoins. Vous pouvez d'ailleurs pratiquer ces exercices même si votre rythme cardiaque est normal. Un jour ou l'autre, ils pourront vous être utiles.

Exercice 1

Cet exercice se fait assis, les yeux ouverts. Mettez devant vous une montre indiquant clairement les secondes. Après vous être confortablement assis, prenez votre pouls à l'artère radiale, au pli du poignet, côté pouce. Comptez les pulsations de votre rythme cardiaque sur quinze secondes. Multipliez le résultat par quatre pour obtenir votre rythme par minute. Supposons que vous ayez 80... Vous allez chercher à accélérer votre rythme jusqu'à 90 dans un premier temps, puis à le ralentir à 70. Fermez les yeux un instant, en continuant à prendre votre pouls. Faites vos signaux habituels et votre sophronisation de base, puis pensez ce qui suit :

[Je suis parfaitement détendu et je sens le rythme de mon coeur sous mes doigts, il est de 80... Je vois ce nombre clairement écrit sur mon écran mental... 80... je l'efface et le remplace par 90... je sens mon pouls qui accélère progressivement pour atteindre ce rythme... quand j'ai l'impression d'y être arrivé, tout en restant complètement détendu, j'ouvre les yeux et je contrôle mon rythme cardiaque pendant 15 secondes... je persévère jusqu'à ce que j'y arrive... puis je cherche à ralentir mon coeur à 70 pulsations par minute... je ferme les yeux et je me détends un peu plus... et inscris sur mon écran mental le nombre 70... je m'imprègne de ce nombre et demande à mon coeur de ralentir son rythme... je le lui demande comme si je dialoguais avec lui, comme si c'était un personnage... je le laisse ralentir son rythme et entrouvre les yeux pour contrôler mon pouls sur la montre... 70... 70... Je sais qu'avec de l'entraînement, peu à peu j'y arriverai... peut-être pas la première fois... mais j'ai confiance en mes possibilités de contrôle de mon coeur... je ferme les yeux et me détends totalement... j'essaye de sentir mon coeur, de le vivre dans mon thorax, d'en prendre conscience... il bat sans cesse pour me donner la vie... c'est l'organe symbolique de l'amour et des sentiments... j'en prends chaque jour davantage conscience... plus j'en suis conscient, mieux je peux en contrôler le rythme... je vis le rythme de la vie en moi... Puis je me prépare à ressortir de ma détente, je vais faire ma reprise très lentement comme je l'ai appris...]

Les premières fois que vous ferez cet exercice, ne soyez pas déçu si vous n'arrivez pas tout de suite à changer votre rythme, c'est tout à fait normal. Il faut souvent des mois d'entraînement pour y parvenir, j'en ai fait personnellement l'expérience. Je peux vous affirmer qu'à la longue, vous pourrez parfaitement régler votre rythme cardiaque.

Exercice 2

Pour cet exercice, vous avez besoin d'un métronome. Cette méthode est particulièrement efficace dans les cas de tachycardie. Mettez votre métronome sur votre table de nuit

en le réglant sur le rythme que vous voulez obtenir. Réglez le son au minimum audible. Installez-vous sur votre lit (cet exercice doit être fait juste avant de vous endormir), prêt pour la nuit. Installez-vous dans la position qui vous convient et fermez les yeux, puis pensez ce qui suit :

[Je vais me détendre complètement... pour cela je fais mes signaux et les renforce, si nécessaire, par une sophronisation de base... Toute mon attention se porte sur mon coeur, qui bat dans ma poitrine... j'essaie d'en prendre conscience, j'imagine sa position, sa forme... j'imagine comment il fonctionne depuis le vingt-et-unième jour de ma vie après ma fécondation, il bat jour et nuit... il me donne le rythme de ma vie... je le sens battre... je le vois battre... j'ai l'impression qu'il bat dans tout mon corps... je deviens mon coeur... je suis mon coeur... Je porte maintenant mon attention sur le bruit du métronome... je m'aperçois qu'il va plus lentement que mon coeur... je vais peu à peu synchroniser mon coeur avec le métronome... je le ralentis progressivement... pendant mon sommeil, mon coeur va battre au même rythme que le métronome... je me laisse doucement aller dans le sommeil... mon coeur se calme... il ralentit... il bat comme le métronome...]

Vous vous laissez aller dans le sommeil. Au début de votre entraînement, allez très progressivement. Par exemple, votre rythme cardiaque est de 90, réglez les premières nuits votre métronome à 85. Quand vous aurez atteint cet objectif, réglez le métronome à 80, etc., progressivement jusqu'au rythme que vous voulez avoir. Vous pouvez agir de même, si vous voulez accélérer votre rythme cardiaque. Au début, vous devez faire l'exercice tous les soirs, ensuite, il vous suffira de mettre le métronome en marche pour la nuit, votre coeur se mettra automatiquement à son rythme. C'est actuellement le meilleur traitement pour soigner la tachycardie ou la bradycardie.

G) Les maladies de peau

Il existe un rapport particulier entre le cerveau et la peau. Leur origine découle de l'ectoderme*. Les réactions psycho-affectives excessives se fixent sur l'enveloppe de notre corps et peuvent y produire des maladies. Le rapport cerveau-peau se remarque dans la vie de tous les jours, par exemple quand on rougit ou lorsqu'on a la chair de poule. Lors d'une grande peur, les poils se dressent sur la peau, etc. Etre « bien dans sa peau » veut dire être en bonne santé. On peut vouloir « la peau de quelqu'un » ou avoir une personne « dans la peau ». Ces expressions populaires ne sont pas apparues par hasard. Elles reflètent toutes les observations de la manifestation de fortes émotions sur la peau. La grande majorité des maladies cutanées sont d'origine fonctionnelle, c'est-à-dire sont en relation directe avec des excès de stress et d'émotions. Il y a des exceptions, dans le cas des maladies héréditaires et structurales (psoriasis par exemple). Souvent, des dérèglements hormonaux jouent un rôle, par exemple dans le cas de l'acné. Il en est de même des allergies, qui sont des réactions immunologiques perturbées (urticaires). Dans ces deux derniers cas, les causes fondamentales des dérèglements hormonaux ou immunologiques sont liées directement au stress affectif. Donc, certaines maladies cutanées ont directement aussi une origine fonctionnelle. Sauf pour les maladies héréditaires et structurales, la sophrologie est un traitement de choix. Tous les dermatologues devraient connaître ces méthodes qui donnent de très bons résultats. Le traitement chimique n'est qu'un palliatif avec effet à court terme. Dans la majorité des cas, les récidives se produisent à répétition et le patient n'est jamais vraiment guéri. Le traitement idéal est causal. Il ne peut être prodigué que par un spécialiste sophrologue, en thérapie individuelle, à base analytique. Il est impossible de décrire ces méthodes dans un livre. Nous

nous contenterons ici de proposer quelques possibilités d'utilisation symptomatique* de la sophrologie. Souvent, la pratique régulière des exercices décrits dans ce livre suffit à améliorer, voire guérir des maladies de la peau, par leur effet de réduction du stress. C'est la raison pour laquelle vous devez vous entraîner régulièrement. Nous avons vu de nombreuses personnes participant à un cours du soir, ayant appris une technique simple, comme la sophronisation de base ou le training-autogène modifié, constater la disparition complète de leurs maladies cutanées. Un entraînement quotidien est nécessaire pour obtenir des résultats à moyen et long terme. Les exercices suivants peuvent être utilisés pour n'importe quelle maladie de la peau.

Exercice 1

[Je m'installe très confortablement en position orthostatique*. Je ferme mes yeux et prends conscience de la position de mon corps dans l'espace... je laisse l'énergie couler librement du ciel vers la terre et de la terre vers le ciel à travers mon corps... Je me détends progressivement de la tête aux pieds... je peux faire mon signal, serrer les doigts ou voir l'image de mon paysage... j'ai l'impression que mes pieds s'élargissent sur le sol, je suis comme enraciné... Pour bien prendre conscience de mon corps, je vais faire quelques exercices... Je vide mes poumons, j'expire complètement... puis j'inspire par les trois étages... je retiens l'air et pompe énergiquement avec mes épaules, le plus fort possible en pensant que l'oxygène va dans mes capillaires* sous ma peau, dans tout le corps, mais surtout là où j'ai une lésion cutanée... puis, j'expire brusquement par le nez... je fais cet exercice trois fois. Je suis très attentif à l'oxygène qui va sous ma peau malade... je me relaxe un peu plus...tête... épaules... thorax... ventre... jambes... et porte toute mon attention sur ma peau malade... je vois dans ma tête l'image des zones atteintes... je les visualise, puis je respire à fond après avoir expiré... poumons pleins, je me bouche le nez avec les deux pouces... je retiens l'air le plus longtemps possible et j'expire violemment en écartant mes doigts... pendant la rétention j'imagine que j'envoie encore davantage d'oxygène dans ma peau... puis je me relaxe complètement de la tête aux pieds... je commence à m'installer confortablement dans ma peau, à me sentir bien dans ma peau... un peu comme un bébé à qui l'on met une barboteuse et qui s'installe bien au chaud à l'intérieur... je m'installe bien au chaud dans ma peau... Je m'imagine nu devant un miroir magique... je me vois dans le miroir avec mes lésions cutanées... je me regarde bien et porte mon attention particulièrement sur la ou les régions malades... petit à petit, dans le miroir je vois ma peau qui se régénère... qui devient saine... lisse... douce... le miroir magique me renvoie mon image tel que je vais devenir... je m'imprègne de cette représentation de moi dans le futur... je m'imprègne *ici et maintenant*... j'expire à fond, puis remplis mes poumons... je retiens l'air et, en même temps, tout en gardant sur mon écran mental l'image de moi libre de toute lésion, je tends tout mon corps en retenant mon souffle... puis, j'expire lentement en expirant le négatif de ma peau... je fais cet exercice deux fois de suite... si je sens le moindre des malaises, je m'assieds ou me couche... C'est très bien... je reste un moment tranquille debout et apprécie l'instant, bien dans ma peau... je suis capable d'affronter les problèmes de la vie de manière plus calme et détendue... je renforce mon signal en serrant les doigts et en pensant : « Chaque fois que je serrerai les doigts de cette manière, dans n'importe quelle circonstance ou situation, je serai immédiatement relaxé comme maintenant », ou bien : « Chaque fois que je regarderai l'image de mon paysage, je me retrouverai immédiatement bien dans ma peau. » Très lentement je me prépare à sortir de cet état, je fais ma reprise habituelle...]

Exercice 2

Avant de commencer cet exercice, je vous rappelle que la peau est un organe respiratoire, un organe de liaison entre le monde extérieur et intérieur. Un sixième du volume total respiratoire se fait par la peau. C'est la raison pour laquelle vous devez éviter, d'autant plus si vous souffrez d'une maladie cutanée, de porter des vêtements en fibres synthétiques, qui ne laissent pas respirer sainement votre peau. La pollution, l'air conditionné, le contact avec des revêtements synthétiques, le séchoir à cheveux , etc., chargent l'air d'ions positifs, qui se fixent sur la surface du corps et empêchent les échanges normaux. De nombreux travaux scientifiques américains et israéliens ont démontré les effets néfastes de la surcharge de l'air en ions positifs. La proportion équilibrée des ions dans l'air est de quatre ions négatifs pour cinq ions positifs, or, à certains endroits du globe, on a relevé jusqu'à cinquante, voire cent ions positifs. L'utilisation d'appareils spéciaux fabriquant des ions négatifs (sans ozone) est parfaitement justifiée pour des personnes ayant des maladies de la peau ou étant insomniaques.

Installez-vous confortablement, de préférence assis sur une chaise... relaxez-vous à l'aide de vos signaux et, si nécessaire, enchaînez avec une sophronisation de base...

[Je vais pratiquer quelques exercices de relaxation dynamique du deuxième degré pour bien prendre conscience de mon corps... j'inspire à fond... je tends ma tête vers l'arrière, retiens l'air quelques instants, puis expire lentement en remettant la tête horizontale... je prends conscience de la forme de ma tête et de mon cou libres de toute tension... j'inspire à fond, je tends mes deux bras devant moi, poumons pleins... je retiens... puis j'expire lentement en relaxant mes bras... je prends parfaitement conscience de la masse, de la forme de mes bras libres de toute tension... j'inspire à fond, je retiens, poumons pleins... je tends fortement mes deux jambes devant moi... j'expire lentement et détends mes jambes en prenant conscience de la forme, de la masse de mes jambes libres de toute tension... je respire à fond à nouveau... je tends tout mon corps sur la chaise... je retiens le plus longtemps possible, puis j'expire lentement en m'installant confortablement dans ma peau, dans mon corps... je prends conscience de la forme de tout mon corps relaxé... je porte maintenant toute mon attention sur ma respiration... je respire lentement et profondément... petit à petit je ne respire plus par les poumons mais par la peau, tout mon corps se met à respirer... à respirer... les pores de ma peau s'ouvrent pour laisser passer l'air... toute ma peau se remplit d'oxygène... je deviens ma respiration... je suis toute respiration... mon corps se gonfle et se dégonfle au rythme de ma respiration... à l'expiration, j'expulse les impuretés de ma peau... je les expire... je vois mes impuretés partir avec l'expiration... Je me vois dans l'avenir avec la peau lisse, saine, douce... je m'imprègne de cette image future *ici et maintenant*... Je reste quelques instants tranquille, vivant ma peau qui respire et voyant mon image saine... puis je vais pouvoir faire ma reprise habituelle très lentement...]

Exercice 3

Il s'agit d'un exercice de focalisation sur la régénération de la peau. La peau change sans cesse, les cellules de surface se désagrègent et se renouvellent, le derme fabrique continuellement de nouvelles cellules, une nouvelle peau. Vous allez essayer de vivre au niveau sophroliminal ce mécanisme de régénération cutanée en portant votre attention surtout dans les zones atteintes.

[Je m'installe dans la position que je désire, debout, assis ou couché... je ferme les yeux, je fais mes signaux et renforce ma détente par une sophronisation de base... j'entre dans ma respiration et respire avec tout mon corps... je m'installe confortablement dans ma peau... je vois la peau superficielle qui tombe, cellule par cellule, qui meurt... je vois qu'au-dessous, le derme fabrique des cellules saines qui prennent la place des cellules qui sont malades... je vois cette image notamment à l'emplacement des lésions cutanées... je vis la réparation de ma peau, ma nouvelle peau est lisse et douce... je prends tout mon temps pour vivre et apprécier cette transformation... je renforce par ma pensée l'action du processus de guérison... j'envoie davantage de sang dans les zones atteintes... je laisse apparaître une sensation locale de chaleur... les vaisseaux sanguins s'ouvrent sous ma peau, apportant ainsi plus de matériel de construction pour ma nouvelle peau... je vois cela clairement sur mon écran mental... en même temps, je sens la chaleur s'installer dans toutes les zones de régénération... je dispose de tout le temps nécessaire pour visualiser et sentir ces phénomènes...

Quand je le souhaite, je me prépare à la reprise, telle que je l'ai apprise, en renforçant chaque fois mon réflexe de détente avec les doigts serrés et l'image du paysage...]

H) La lutte contre l'angoisse

L'angoisse sous toutes ses formes est un phénomène tout à fait commun. Elle se manifeste par une simple peur et peut aller jusqu'à l'apparition d'une réelle crise d'angoisse, l'étape suivante étant la dépression. Souvent l'angoisse est un mécanisme de défense, une réaction normale au stress. Elle fait partie des trois F américains : flight (fuite), fight (combat), fright (peur, angoisse). L'angoisse prend sa source dans l'hypothalamus* et provoque toute une chaîne de réactions au niveau corporel : entre autres l'augmentation du sucre dans le sang, l'augmentation de la tension sanguine, la contraction générale de la musculation, une accélération du rythme cardiaque et respiratoire, une augmentation du cholestérol (LDL)*, des catécholamines* et toute une série de modifications hormonales. Si l'angoisse est passagère, tout rentre rapidement dans l'ordre; si elle devient chronique, les modifications se renforcent et se stabilisent et la névrose apparaît soit sous forme de névrose d'angoisse*, soit sous forme de névrose de conversion, c'est-à-dire se manifestant par une maladie fonctionnelle quelconque : migraine, insomnie, ulcère d'estomac, asthme, allergies, etc. La meilleure prévention de l'angoisse est la pratique régulière d'exercices de sophrologie du type TRAM* ou STB*, ou encore la relaxation dynamique 1, 2 et 3e degrés. La pratique régulière de la sophronisation de base est aussi très efficace.

Souvent, une modification des habitudes et du mode de vie doit être envisagée pour résoudre les problèmes de l'angoisse. La médication classique avec des tranquillisants est efficace temporairement, mais ne peut guérir l'angoisse. C'est un palliatif, dont l'indication devrait être de courte durée. L'idéal est de supprimer le ou les troubles. Pour cela, il faut essayer d'en découvrir l'origine, souvent liée à des processus inconscients. Une fois les causes déterminées, il faut analyser la situation et changer de vie pour écarter les facteurs de stress excessif. Je sais que CELA peut être difficile. Chaque cas nécessite un examen personnel. Le mieux est d'envisager une thérapie découvrante auprès d'un sophrologue spécialiste. Une action autothérapeutique est difficile.

Je vais vous proposer des exercices complexes, mais qui pourront peut-être vous aider à comprendre le mécanisme de vos angoisses et à les décoder. Ces exercices ne peuvent être pratiqués que par des personnes ayant déjà suivi un entraînement régulier en sophrologie.

Avant de passer à ces exercices, je vous conseille de vous entraîner avec les exercices proposés dans le chapitre V sur la pensée positive. Il serait bon également de faire un petit examen de votre vie actuelle, pour mettre éventuellement en évidence une surcharge d'émotions négatives. Pour cela, vous pouvez vous référer aux indications données dans le tome 1, chapitre sur le stress, page 63.

Vos angoisses actuelles peuvent avoir une cause connue ou une cause tout à fait incompréhensible. Dans le premier cas, les exercices de pensée positive et quelques petits changements dans votre mode de vie seront probablement suffisants. Alors que, dans le second cas, en plus des exercices qui vont suivre et que je vous conseille de pratiquer avec une certaine prudence, l'intervention d'un thérapeute peut s'avérer nécessaire.

Exercice 1

Installez-vous confortablement, assis ou couché, à votre convenance. Evitez surtout de vous endormir en cours de route. Pour profiter pleinement de cet exercice, je vous conseille de l'enregistrer au préalable. N'oubliez pas les moments de silence indiqués par les points de suspension. Aujourd'hui, vous allez faire l'expérience du rêve dirigé partiellement, en état de relaxation, au niveau sophroliminal.

[Bien installé, je ferme mes yeux, je fais mon ou mes signaux et renforce ma détente par une sophronisation de base si j'en ressens le besoin. Je porte toute mon attention sur mon écran mental sur lequel je laisse apparaître une couleur uniforme... n'importe quelle couleur... je reste calme et détendu jusqu'à ce que la couleur apparaisse... Au centre... je vois s'inscrire le mot « angoisse » en grosses lettres... le mot devient de plus en plus clair... je le regarde avec attention... lentement, il va comme fondre et, spontanément, sera remplacé par une image précise en rapport avec un événement de ma vie passée ou présente, ayant probablement une relation directe avec mon angoisse. Je laisse venir l'image sans la chercher, sans la forcer... elle s'impose à moi toute seule... Si elle vient, aujourd'hui je me contente simplement de la regarder d'une manière aussi neutre que possible, un peu comme si je contemplais une photographie... cette image me permet de mettre probablement le doigt sur un des facteurs à l'origine de mes angoisses... Lorsque j'ai bien vu l'image de cette situation conflictuelle, je la laisse peu à peu s'estomper, un peu comme si cela ne me concernait pas... Ensuite, je me prépare à sortir de ma détente et fais ma lente reprise habituelle...]

Faites cet exercice plusieurs fois; peut-être trouverez-vous plusieurs images successives différentes. C'est très souvent le cas. L'angoisse apparaît à la suite d'une accumulation de situations négatives, bien qu'une seule suffise dans certains cas. Le simple fait de devenir conscient de la cause de ses angoisses peut suffire à les faire diminuer, voire disparaître. Ce n'est hélas pas toujours le cas. Il faut alors aller plus loin dans son propre traitement, en faisant une catharsis ou une abréaction, c'est-à-dire revivre émotionnellement le facteur causal. Cette thérapie ne peut être faite seul.

Nous allons passer à un second exercice qui peut vous permettre de découvrir la cause de l'angoisse.

Exercice 2

Installez-vous confortablement, assis ou couché, fermez les yeux.

[Je me mets en état de réceptivité et de disponibilité totales en m'isolant du monde extérieur... je me relaxe complètement en utilisant, comme d'habitude, la « réponse relaxation » avec un de mes signaux... Si nécessaire, j'approfondis ma relaxation avec une sophronisation de base... ma respiration est calme, abdominale... à chaque expiration je pense calme... je quitte mentalement l'endroit où je me trouve et me vois en train de me promener sur un sentier à la montagne... je suis ce sentier sans savoir où il conduit... je m'aperçois qu'il se dirige vers une grande paroi de rocher verticale... je m'approche et réalise que le sentier mène à une porte dorée au pied de la paroi rocheuse... je m'approche encore et me trouve devant cette porte étonnante... je me demande bien où elle peut mener... soudain, j'entends une voix qui me parle doucement et me dit : « Cette porte dorée est en réalité la porte de ton inconscient... derrière se trouve un monde d'images, de symboles et de faits en relation avec l'essence même de ta conscience... parmi les faits, se trouvent les souvenirs oubliés par ton conscient, des traumatismes psychologiques que tu as vécus dans ta vie avant même ta naissance... parmi eux, certains sont la cause de tes angoisses... Si tu les découvres, tes angoisses pourront diminuer, puisque leur sens symbolique n'aura plus de raison d'être... Fais bien attention... dans un instant tu pourras ouvrir la porte, mais surtout, ne pénètre pas à l'intérieur... contente-toi de regarder ce qui se passe de l'autre côté... reste toujours sur le palier... parmi les images ou symboles que tu vas voir, il y a la représentation des causes de tes angoisses... tu es prêt... alors ouvre doucement la porte... » J'ouvre la porte avec une certaine difficulté car elle est très lourde... elle tourne sur ses gonds et me voici debout devant l'univers de mon inconscient... je regarde les images, les symboles et les faits défiler... probablement, à un moment donné, je sais que quelque chose se fixera devant moi, s'imposera à moi... ce qui va se fixer sera en relation directe avec mes angoisses... peut-être s'agira-t-il simplement de formes et de couleurs, de symboles, ou peut-être vais-je retrouver une situation traumatique de ma vie, éventuellement tout à fait inattendue et qui paraîtra peut-être insignifiante à mes yeux logiques ... je reste debout devant la porte ouverte et j'attends... je mémorise toute image qui reste fixée pendant quelques instants, même si je ne la comprends pas... je sais que je dispose de tout le temps que je souhaite... je laisse faire... je ne veux rien... j'observe...

A tout moment je peux arrêter la séance. Cependant, avant de faire ma reprise, je prends soin de bien refermer la porte... j'entends à nouveau une voix qui me parle : « Quand tu voudras découvrir en toi-même la signification profonde des causes de tes angoisses, tu pourras revenir vers cette porte et l'ouvrir... Peu à peu, elle te révélera les secrets de ton essence et de ton sens... peu à peu tu comprendras tes angoisses et elles n'auront plus de raison d'exister... »

Je peux maintenant me préparer à ressortir de ma détente... je sais qu'à chaque fois que je serrerai mes doigts ou regarderai l'image de mon paysage, mon corps se relaxera aussitôt complètement... puis je fais ma reprise habituelle en prenant tout mon temps.]

Après la séance, donnez-vous la peine de prendre un papier et un crayon et de noter avec précision les images que vous avez vues. Pensez ensuite à chacune d'elles et essayez de les comprendre, elles sont porteuses d'un message significatif.

Faites cet exercice régulièrement. Plus votre entraînement avance, plus les images sont riches et spontanées.

Exercice 3

Vous allez maintenant apprendre à déconditionner l'angoisse, à la contrôler, même si vous ne la comprenez pas.

Pour que cet exercice soit efficace, enregistrez une cassette et écoutez-la pendant plusieurs jours quotidiennement, puis tous les deux jours, puis une fois par semaine et enfin, une fois par mois. Vous allez créer un réflexe conditionné qui va remplacer votre angoisse instantanément. Vous arriverez ainsi à la faire avorter avant même qu'elle ait eu le temps de se manifester.

Couchez-vous et, les yeux fermés, faites votre induction à la détente habituelle. Une fois « déconnecté » du monde extérieur, pensez ou parlez ainsi.

[Je me vois dans ma vie de tous les jours... tout à coup, je sens que je deviens angoissé... au moment où cette sensation se manifeste, je pousse un profond soupir... à l'expiration l'angoisse s'efface, disparaît avec l'air expiré... je continue à me voir dans ma vie et retrouve plusieurs situations anxiogènes*... chaque fois que je sens l'angoisse monter, je la coupe instantanément avec un soupir... je sais qu'à partir d'aujourd'hui, je suis à même de contrôler mes angoisses, je les remplace, avant même qu'elles aient le temps de se manifester, par un profond soupir... Je me prépare à ressortir de ma détente... soupir = suppression de l'angoisse... je fais ma reprise habituelle très lentement...]

Cet exercice de réduction et de contrôle de l'angoisse est très efficace et vous permet de lutter contre les phobies en général, qu'il s'agisse de claustrophobie (peur des espaces restreints) ou d'agoraphobie (peur de la foule et des espaces vastes). Il fonctionne aussi pour le contrôle des peurs plus spécifiques : peur des insectes, peur des souris, peur des serpents, ou du professeur qui fait passer un examen. Au moment où la peur, l'angoisse se manifestent, aux premiers signes avant qu'elles puissent vous dominer, poussez un profond soupir. Vous devenez peu à peu maître à bord de votre navire.

I) Contrôle du poids

Ce sous-chapitre est complémentaire du chapitre X du tome 1. Nous ne pouvons vous donner des conseils ou suggérer des « trucs » si vous êtes atteints d'anorexie*, cette maladie nécessite un traitement par un spécialiste. Il en est de même pour la boulimie*.

Les exercices proposés peuvent vous aider à soutenir un régime et à perdre du poids en essayant d'abord de comprendre la raison et les causes de l'obésité. Il est important de retrouver le poids normal par rapport à sa taille, l'excès de poids raccourcit la vie.

Causes de l'excès de poids

causes physiques		causes psychiques
mauvaises habitudes	manger trop	dépendance (infantile) manque d'amour* blocage à la phase orale
troubles hormonaux	grossir	identification* autopunition
troubles urinaires, digestifs, constipation	mal éliminer	blocage à la phase anale* peur de la sexualité

Pour calculer votre poids normal de façon simple, mais bien sûr approximative, car ce procédé ne tient pas compte de votre anatomie, de votre ossature forte ou faible, de votre âge, etc., pour un homme, traduisez en kilos le nombre de centimètres qui dépasse le mètre de votre taille. Par exemple, vous mesurez 1,80 m, votre poids normal est de 80 kilos. Pour une femme, soustraire 10 % du nombre de centimètres qui dépasse le mètre; par exemple, vous mesurez 1,70 m, 10 % de 70 = 7 = 63 kilos.

Calculez le poids normal que vous devriez avoir et souvenez-vous bien du but à atteindre. Pensez souvent à ce poids pendant la journée, pour programmer peu à peu votre cerveau à obtenir ce poids idéal. Pour la pratique qui va suivre, supposons que votre poids idéal soit de 72 kilos. Vous devez remplacer le chiffre de votre poids actuel par celui de votre poids idéal.

Exercice 1

Cet exercice requiert un entraînement préalable aux techniques de base décrites au début de ce livre.

Mettez-vous debout en position orthostatique et fermez les yeux. Relaxez-vous complètement de la tête aux pieds en utilisant votre signe et la sophronisation de base. Une fois bien détendu, laissez apparaître sur votre écran mental une couleur et poursuivez de la manière suivante :*

[Je laisse la couleur, ma couleur, envahir toute ma conscience, je la laisse m'envahir progressivement, un peu comme si je devenais cette couleur... je la laisse pénétrer en moi... au milieu de mon écran mental je vois apparaître un chiffre en lettres de feu... ce chiffre correspond à mon poids actuel... celui dont je veux me débarrasser... je vois ce chiffre très clairement... j'ai décidé de le changer... je veux retrouver mon poids normal... pour cela, je biffe mentalement le chiffre qui occupe mon écran mental... j'écris en-dessous, en grosses lettres, le chiffre correspondant au poids que je veux obtenir... soixante-douze kilos... ce nouveau chiffre s'impose à ma conscience, alors que l'ancien, peu à peu, s'estompe pour disparaître complètement... je ne vois plus que soixante-douze, ce chiffre pénètre en moi avec ma couleur... il coule dans mon corps... dans mes vaisseaux sanguins... il atteint progressivement mes cellules... mes molécules... mes atomes... tous les neurones de mon cerveau s'imprègnent de cette information... soixante-douze kilos... ce chiffre s'impose à ma conscience de plus en plus... j'y pense à l'inspiration comme si je captais ce chiffre dans le cosmos pour le faire entrer en moi avec l'air que je respire... je respire lentement et profondément en pensant à chaque inspiration soixante-douze kilos... je répète cela pendant plusieurs minutes... puis j'imagine comment je vais devenir, après avoir perdu du poids, je me projette dans l'avenir et vois ma propre image modifiée dans un miroir... je me vois avec mon corps de soixante-douze kilos... Pour faire pénétrer cette nouvelle image de moi dans mon corps, je tends tous mes muscles de la tête aux pieds le plus fort possible tout en gardant cette image dans ma conscience... puis je relâche, je me détends complètement en laissant le calme entrer en moi et en essayant pendant quelques instants de ne penser à rien... Je me prépare ensuite à faire ma reprise lente et progressive comme d'habitude...]

Exercice 2

En position orthostatique, les yeux fermés, vous vous détendez complètement à l'aide de votre signal et de la sophronisation de base si nécessaire.*

[Je prends conscience de mon corps debout entre ciel et terre, je prends conscience de sa forme, de son volume... mon corps physique n'est pas mon unique corps, il est doublé d'un corps que je peux imaginer, et réellement voir... Je vais faire une expérience qui n'est pas logique, je vais donc faire abstraction complètement de mes idées préconçues, de mes jugements et de mon instruction... je vais me laisser aller dans le monde de l'abstrait, du paradoxe, de l'imaginaire... c'est ainsi que je vais voir mon corps énergétique se séparer de mon corps physique... il se met devant moi... j'ai l'impression d'une dualité... une partie de moi est debout en chair et en os et une autre en énergie pure... j'imagine, je vois dans ma conscience une représentation énergétique devant moi... je vais modifier l'image de ce corps énergétique pour le modeler à la forme de mon corps ayant soixante-douze kilos... je vois mon corps énergétique devant moi se rétrécir, devenir plus svelte... lorsque je vois bien cette image, je pense que c'est ainsi que je vais devenir... puis je saute dans mon corps énergétique avec mon corps physique... je fais un pas en avant pour recréer mon unité... je me sens alors à l'étroit dans mon corps énergétique et je décide de tout faire pour que mon corps physique ait la même forme et le même volume que mon corps énergétique... le changement se fera de lui-même...soixante-douze kilos... sans effort de volonté, mon métabolisme, mon apport alimentaire, ma biologie vont se régler pour que mon corps physique s'adapte à mon corps énergétique... je vois écrit sur mon écran mental le chiffre soixante-douze... puis, très lentement, je fais ma reprise habituelle.]

Je vous conseille de pratiquer les deux exercices précédents très régulièrement. En effet, le succès dépend de cette régularité.

Si votre obésité est occasionnée par un excès de nourriture, vous trouverez l'exercice à faire dans le tome 1, page 109.

Si la cause est due à un manque d'élimination urinaire ou intestinale, vous pouvez vous référer à la méthode décrite à la page 101 du tome 1.

Si la cause en est hormonale, faites les exercices décrits dans ce livre, sous la rubrique « Contrôle des glandes à sécrétion internes » du présent chapitre.

Bien entendu, dans certains cas il faudra également consulter un spécialiste, qui pourra éventuellement vous aider à régulariser vos fonctions par des moyens médicamenteux pendant une courte période.

Faites très attention de ne jamais prendre des médicaments amaigrissants contenant de la thyroxine. Vous allez probablement perdre très rapidement du poids, mais vous aurez toutes les chances de faire une grave dépression.

Les causes psychologiques de l'obésité nécessitent une approche thérapeutique analytique, donc l'intervention d'un thérapeute spécialisé, pour rendre conscients des conflits existants dans votre monde inconscient. Ces conflits sont souvent d'origine infantile, en rapport avec la relation parentale et les problèmes de déséquilibre de la libido*. L'obésité est très rarement héréditaire. Souvent, la surcharge pondérale d'une fille de mère obèse n'est qu'un processus d'identification et n'a rien à voir avec l'hérédité. Aux Etats-Unis, l'obésité est un grave problème touchant un pourcentage élevé de la population. La cause majeure est la consommation abusive de produits malsains, coca-cola, hamburgers, etc., le manque d'amour dans l'enfance (les deux parents travaillent, les enfants sont laissés à eux-mêmes) et la peur de la sexualité.

CHAPITRE VIII

Améliorer la mémoire

La fonction mnésique (de mémoire) est très semblable à une fonction musculaire. Plus on l'entraîne, plus on la développe. Le fait de s'instruire sans cesse, d'apprendre des nouveautés, de nouvelles techniques, des langues étrangères, etc., maintient la capacité de notre mémoire et même la stimule. Bien des gens, une fois leurs études terminées, ne cherchent plus à utiliser leur mémoire. Dans ce cas, elle s'affaiblit de plus en plus avec l'âge. Si une personne âgée souffre de lésions organiques au niveau du cerveau, par sclérose des artères, la mémoire ne fonctionne plus du tout. Si ce n'est pas le cas, il est possible de devenir âgé et de conserver une excellente mémoire. On peut même l'améliorer, augmenter sa capacité avec l'âge, si l'on s'entraîne en permanence à apprendre de nouvelles choses.

De nombreux auteurs ont mis au point des méthodes efficaces pour améliorer, renforcer, augmenter la mémoire. Le professeur Caycedo, Lozanov, etc. J'ai moi-même mis au point une technique pour apprendre des langues. Une chose est sûre : plus vous êtes détendu lorsque vous apprenez quelque chose, mieux votre mémoire fonctionnera. Dans ce sens, la sophrologie peut être très utile pour améliorer vos fonctions mnésiques. Je vous propose donc maintenant quelques exercices simples, qu'il est recommandé de pratiquer régulièrement.

Exercice 1

Stimuler la mémoire récente

Installez-vous, faites vos signaux de réflexe conditionné et, si nécessaire, une sophronisation de base. Puis vous enchaînez de la manière suivante :

[Je suis parfaitement détendu et m'installe confortablement dans mon corps, dont je deviens de plus en plus conscient. Je vais laisser passer sur mon écran mental toute une série d'images mettant en fonction ma mémoire récente... je laisse d'abord venir une couleur uniforme... n'importe quelle couleur... sur le fond de cette couleur je laisse venir des images en me posant des questions précises... qu'est-ce que j'étais en train de faire avant cette séance ?... qu'est-ce que j'ai mangé aujourd'hui ?... avec qui ?... à quel endroit ?... je vois le détail des gens que j'ai rencontrés aujourd'hui... comment étaient-ils habillés ?... comment ai-je passé ma dernière nuit ?... où ?... comment ai-je dormi ?... est-ce que je suis capable de retrouver un rêve... et hier soir, qu'est-ce que j'ai fait ?... si j'ai regardé un film à la télévision, je vais essayer d'en revoir les passages principaux mentalement... quels étaient les acteurs ?... les paysages ?... comment étaient habillés les acteurs principaux du film ?... quelles étaient les publicités présentées ?... avec qui ai-je parlé en dernier ?... quelles ont été exactement les paroles échangées ?... Je prends tout mon temps pour retrouver ces images récentes avec précision... puis, toujours complètement détendu, je fais une description détaillée de la chambre où je me trouve... quelle est la couleur des murs?... du plafond ?... quels sont les meubles ?... les tableaux aux murs ?... que représentent-ils ?... j'énumère toutes les couleurs... je peux maintenant ouvrir mentalement les tiroirs et les portes des meubles... qu'y a-t-il à l'intérieur de chacun d'eux ?...

Une fois cet inventaire terminé, je peux lentement faire ma reprise... après avoir ouvert le yeux, je contrôle ma mémoire des lieux.]

Faites ce genre d'exercice régulièrement. Il met en fonction des circuits intercérébraux mnésiques et les stimule.

Exercice 2

Comme toujours, faites votre relaxation assis ou couché. Revenez à votre écran mental et à votre couleur de fond et pensez :

[Où ai-je passé mon dernier Nouvel An ?... je retrouve tous les détails de cette soirée, les gens avec qui j'étais, la manière dont j'étais vêtu, le décor où j'étais le soir de Noël de l'année passée ?... avec qui ?... quels sont les cadeaux que j'ai reçus et offerts ?... je revis cette soirée avec tous ses détails... et il y a deux ans, où étais-je pour le Nouvel An ?... avec qui ?... qu'est-ce que j'ai mangé et bu ?... Je vis tout cela *ici et maintenant*. Tout se passe dans le présent de ma conscience et je stimule les circuits de ma mémoire dans mon cerveau... Puis je laisse venir à moi le souvenir d'un moment récent très heureux... quand ai-je vécu la dernière fois un moment heureux, aussi court soit-il ?... où ?... avec qui ?... dans quel décor ?... Je revis ce moment heureux dans mon corps et dans tous ses détails... cela se passe maintenant dans mon cerveau... Une fois l'exercice terminé, je fais ma reprise tranquillement.]

Exercice 3

Stimuler la mémoire ancienne

[Je recommence mon exercice comme d'habitude, assis ou couché. Ayant du temps à ma disposition, je me détends complètement par l'utilisation de mon réflexe conditionné et de ma sophronisation de base. Je me laisse aller dans mon passé, dans mon enfance... je me vois comme un enfant... peut-être que je vois une photo de moi enfant qui devient vivante... je suis enfant et, en tant que tel, je retrouve un moment pleinement heureux de cette période plus ou moins lointaine... je laisse venir à ma conscience ce souvenir... je le vis *ici et maintenant* dans tous ses détails, j'en imprègne mon corps, mes cellules, mes molécules, mes atomes... je deviens ce souvenir... je vois comment je suis habillé... avec qui je suis... ce qui se passe... les formes... les couleurs... Avec cet exercice, je mets en fonction d'autres circuits de mon cerveau qui mobilisent ma mémoire des faits anciens... Une fois ce souvenir heureux de mon enfance retrouvé et vécu, j'en cherche un second... un autre moment heureux que je retrouve avec précision et que je revis avec tous ses détails... Pour corporaliser ce bonheur, pour le faire entrer pleinement en moi, je tends tous les muscles de mon corps... je maintiens cette tension quelques instants... et je relâche... je me mets à respirer lentement et profondément et pense à l'inspiration « mémoire », à l'expiration « oubli », pendant plusieurs minutes... Puis je me prépare à ma sortie habituelle très lentement, étant rempli de positif et ayant stimulé ma mémoire ancienne.]

Au début, il est difficile de retrouver des faits précis de notre enfance. Avec la répétition, le phénomène se fait peu à peu automatiquement et avec de plus en plus de clarté et de facilité.

Exercice 4

Apprendre une langue plus rapidement

Pour cet exercice, vous devez disposer d'un magnétophone sur lequel vous mettez une musique au rythme de largo (environ 60 à 70 battements par minute). Cette musique en sourdine sera maintenue pendant toute la séance. Une fois le son enclenché, installez-vous confortablement assis devant une table ou un bureau sur lequel vous déposez votre livre, ouvert à la page vocabulaire, ou des phrases que vous désirez apprendre par coeur. Ensuite, fermez les yeux et faites votre sophronisation de base accompagnée de vos signaux. Une fois que vous êtes bien détendu, portez votre attention sur votre respiration, que vous laissez devenir lente et profonde. Observez un temps d'arrêt lorsque vos poumons sont pleins et un autre lorsqu'ils sont vides. Lorsque votre rythme respiratoire est stabilisé avec ces deux arrêts, vous pouvez, tout en restant totalement détendu, entrouvrir les yeux et regarder la page de votre livre, de la manière suivante. A chaque respiration, lorsque vos poumons sont pleins et vides, lisez une liste de mots (respiration bloquée). Lisez la même liste quatre fois de suite, puis passez au groupe de mots suivant, sans réfléchir. Vous laissez les choses se faire. Avec ce procédé, vous pouvez apprendre rapidement une très grande quantité de mots. Une fois votre exercice terminé, fermez vos yeux et faites lentement votre reprise habituelle.

Cette technique[1] *expérimentée depuis plusieurs années est très efficace. Elle permet une stimulation étonnante de la mémoire. Le processus est assez simple : par la stimulation corticale musicale associée à votre relaxation, une inhibition de ce même cortex vous permet le passage immédiat du vocabulaire dans la zone diencéphalique* de la mémoire, dans votre cerveau, sans aucune censure psychique consciente.*

---

1 Il existe une cassette enregistrée de cette méthode, contenant tous les éléments agissant simultanément : musique rotative spécialement conçue au rythme de 60 battements minute créant la relaxation profonde et les signaux sonores amenant à chaque séance une détente plus rapide. L'utilisation de cette cassette avec des écouteurs stéréophoniques facilite la stimulation de la mémoire.

CHAPITRE IX

Sophrologie et cancer

Je vous rappelle que le cancer est une maladie très fréquente et qu'elle peut être parfaitement guérie. Votre état d'âme, votre comportement face à cette maladie sont déterminants pour sa guérison ou, au contraire, sa généralisation.

L'influence psychique dans la cause du cancer n'est plus à démontrer. Le stress a un rôle prépondérant à jouer. Il est certain que plus la défense immunitaire est active, plus grandes sont les chances de se défaire des cellules envahisseurs. Nous savons actuellement avec certitude que le stress en excès fait effondrer le taux des globules blancs* et anticorps* dans le sang. Les buts des exercices qui vont suivre sont de motiver le patient à devenir plus fort que la maladie, de stimuler les mécanismes de défense naturelle du corps face à tout élément agresseur étranger: microbe, bactérie, virus, champignon et cellule cancéreuse. Si le patient suit l'un des principaux traitements proposés actuellement par la médecine (la chirurgie, la chimiothérapie et la radiothérapie), les méthodes sophroniques ou d'autres techniques de soutien psychologique permettent qu'ils soient mieux acceptés.

A) Accepter sa maladie

Si votre médecin vous annonce un diagnostic de cancer, il y a toutes les chances pour que votre première réaction soit un refus. Vous penserez qu'il s'est trompé, qu'il a inversé les analyses, etc. Vous vous comportez au début comme si cela ne vous concernait pas. Dans un second temps vient la colère, la révolte : pourquoi moi ? Qu'est-ce que j'ai fait au bon Dieu ? Je ne mérite pas cela... Cette colère peut être aussi dirigée contre les gens qui vous entourent. Vous pouvez même devenir très agressif. Le plus souvent, la troisième phase est le marchandage. Cette période est généralement de courte durée. Vous commencez à prier, alors que vous n'avez jamais eu la Foi, vous allez faire des promesses à Dieu : « Si tu me guéris, je ne tromperai plus ma femme », etc. Vient ensuite, le plus souvent, une phase de dépression et enfin l'acceptation. Ce cheminement classique, découvert par Elisabeth Kübler-Ross, est semblable dans les maladies graves terminales et à la suite de deuils. Je vous propose de sauter les quatre premières étapes et de passer directement à l'acceptation de la maladie. Cela vous permettra de réagir plus rapidement et de lutter contre l'« envahisseur » avec beaucoup plus d'efficacité.

Plus vite vous vous décidez à prendre une part active à votre traitement et plus vous augmentez vos chances de guérison.

Il est recommandé d'enregistrer la séance préalablement et d'écouter la cassette plusieurs fois par jour.

Exercice

[Je m'installe confortablement dans la position qui me convient le mieux, debout, assise ou couchée... Cette dernière ne doit pas être choisie si j'ai tendance à m'endormir. Je ferme les yeux et ne les ouvre plus jusqu'à la fin de la séance. Je commence par effectuer mon signal si je me suis déjà préalablement entraîné... Puis je renforce ma détente par une sophronisation de base... Je prends tout mon temps pour bien me détendre physiquement, de la tête aux pieds, puis pour détendre mon mental... Je pense à la respiration et dirige l'air dans mon cerveau... J'ai l'impression qu'à l'inspiration mon cerveau se gonfle et se vide à l'expiration... Je me libère de toute pensée négative à l'expiration... Je deviens conscient que je suis atteint d'un cancer et que cette maladie peut parfaitement être guérie... Ma participation directe à mon traitement est de toute première importance... Je sais que, quel que soit le traitement que je suis, ma participation active en augmente considérablement l'effet... Je réalise que mon symptôme a une signification symbolique... qu'il est porteur de message... comme toute maladie fonctionnelle*... Je réalise que mon cerveau, mon système immunologique* et mon système endocrinien* sont un seul et même système dont le cerveau est le maître absolu... Par l'apprentissage des méthodes sophrologiques, je vais devenir apte à contrôler mes fonctions cérébrales et, par là, à mobiliser toutes mes défenses, capable de détruire tout élément étranger à mon corps, dont les cellules cancéreuses... Maintenant, je suis complètement déconnecté du monde extérieur et peux pénétrer dans mon monde intérieur... J'accepte ma maladie comme un « challenge », comme quelque chose d'utile pour mon évolution personnelle... Je suis prêt à affronter la maladie de face, je suis motivé pour la combattre et accepte le défi... Je vais essayer d'entrer en communication directe avec mon cancer... Je le questionne directement, comme si je m'adressais à un personnage réel... Quel message as-tu à me donner ?... Quelle est ta signification ?... J'établis un véritable dialogue avec mon symptôme... je me donne tout le temps nécessaire pour ce dialogue symbolique... Je sais que je dois modifier certaines choses dans ma vie et je suis motivé pour le faire... Je me fixe un but précis : être plus fort que ma maladie... la vaincre... l'éliminer de mon corps... Je suis convaincu que, comme la majorité des maladies, le cancer est parfaitement guérissable... Je suis prêt à me battre... à lutter... à participer activement aux traitements proposés par mes thérapeutes... je sais que certains soins actuels sont pénibles... Je suis prêt à affronter ces traitements en gardant toujours un excellent moral... J'ai confiance en moi... Je me projette dans l'avenir avec ma conscience et me vois environ dans deux ans en pleine forme physique et psychologique, débarrassé de ma maladie définitivement... Je me vois réaliser un projet d'avenir... n'importe quel projet accessible... une promotion professionnelle, un voyage, une réussite affective, etc. Je m'imprègne de ces images positives comme une éponge s'imprègne d'eau... Pour corporaliser ces images, je tends tout mon corps... sans oublier aucun muscle... puis je relâche toute tension... Je laisse venir sur mon écran mental l'image d'un paysage que j'aime particulièrement... Je fixe bien cette image dans ma conscience... Chaque fois que je la laisserai venir les yeux fermés, immédiatement mon corps se relaxera comme maintenant, même encore plus profondément... Par cette image, je crée un réflexe conditionné de « réponse relaxation »... Maintenant je reviens mentalement à l'endroit où je suis pour m'entraîner... je peux décrire mon environnement... Je vais progressivement laisser l'énergie revenir en moi... La force revient dans mes pieds et mes jambes, dans mon ventre et mon thorax... je retrouve tout mon tonus dans mes bras et mes épaules... dans mon thorax qui respire... dans mon cou et mon visage... toute l'énergie revient dans mon cerveau où mes idées sont claires... J'accepte ma maladie et suis décidé à me battre contre elle avec toute mon énergie... Je bouge mes pieds et mes jambes, les yeux toujours fermés... je mobilise mes doigts et mes bras... j'avale ma salive... je respire à fond... je m'étire fortement, respire encore... bâille et enfin, doucement, j'ouvre les yeux...]

A chaque séance, vous prendrez davantage conscience du sens de votre maladie. Vous renforcez le réflexe de détente qui va jouer un rôle prépondérant pour vous protéger du stress, qu'il faut apprendre à gérer le mieux possible, sachant qu'il existe souvent un rapport direct entre un excès de stress et le cancer.

B) Se préparer à une chimiothérapie

La chimiothérapie, qui est utilisée dans le traitement de certains cancers, a beaucoup progressé et s'est affinée ces dernières années. Malheureusement, elle s'accompagne de réactions secondaires désagréables, à des degrés variables d'une personne à l'autre.

La sophrologie entre en action pour :

— réduire partiellement ces effets secondaires,
— diminuer le stress créé par le traitement,
— soutenir moralement le patient pendant cette phase délicate.

Avant de commencer à pratiquer l'exercice suivant, je vous conseille de l'enregistrer et ensuite de l'écouter régulièrement.

Exercice

[Comme d'habitude, je m'installe le plus confortablement possible. Je ferme les yeux et, si je suis déjà entraîné, je fais mon signal de détente (serrer les doigts, laisser venir l'image de mon paysage) et renforce ma relaxation par ma sophronisation de base telle que je l'ai apprise au début de ce livre... Une fois parfaitement détendu, je me porte mentalement dans l'avenir... Je me mets dans la situation de ma chimiothérapie... (Elle peut se faire ambulatoirement* chez le médecin ou en milieu hospitalier, ou encore nécessiter l'hospitalisation.) Je me vois détendu pendant toute la séance... J'accepte ce traitement comme une nécessité pour ma guérison... Je suis si réceptif que je peux même avoir un effet sur les réactions secondaires et les diminuer considérablement... Je me vois à la fin du traitement... Le médicament tue mon cancer... Je vois dans ma tête déjà l'effet... Je vois ma tumeur fondre littéralement sous le produit chimique... Je me vois récupérer très rapidement après chaque traitement et reprendre de l'appétit, des forces... Chaque fois ma motivation sera plus forte... Je me vois vaincre ma maladie, la détruire avec l'aide de mes médecins, dans une collaboration totale... J'ai confiance en moi, en mes capacités de dynamiser mon énergie vitale, en mes capacités de guérison totale... Je me projette maintenant dans l'avenir et me vois libéré de ma maladie... Je suis convaincu qu'une guérison est possible et je me vois guéri, ayant repris ma vie habituelle, mais avec certaines modifications dans mon mode d'être et de penser... Je me vois avoir eu le courage de remettre en question certains de mes comportements et avoir fait ma révolution, dans le sens de ré-évolution... Lorsque je me serai bien imprégné de ces images positives, je me préparerai à ressortir de ma détente comme je l'ai appris... Avant, je laisse venir sur mon écran mental l'image de mon paysage... Chaque fois que cette image apparaît derrière mes paupières closes, immédiatement mon corps se relaxe totalement... Je renforce ainsi mon réflexe de détente immédiate... je pourrai utiliser ce signal pendant les chimiothérapies et comme moyen de contrôle du stress... Je fais maintenant ma lente sortie... Après avoir ouvert les yeux, je reste encore un moment tranquille avant de me lever...]

C) Se préparer à une radiothérapie

La radiothérapie n'est absolument pas douloureuse, mais produit souvent des effets secondaires divers.

Les moyens les plus utilisés sont les rayons X, les rayons gamma émis par des corps radioactifs, comme le radium, le césium 137 ou le cobalt 60, et enfin les faisceaux d'électrons. L'ambiance dans laquelle se déroule ce traitement est souvent stressante et une bonne préparation préalable est hautement souhaitable. A cause des irradiations, le personnel soignant doit s'éloigner et contrôler le déroulement de la séance de l'extérieur de la salle. La solitude dans ce décor impressionnant est inhabituel, l'inconfort et l'appréhension peuvent provoquer des bouffées émotionnelles que l'on peut éviter grâce au premier exercice qui va suivre. Pendant et après le traitement, il est conseillé de continuer ses activités habituelles, de bien se nourrir (beaucoup de protéines et plus de calories que d'ordinaire), et d'éviter de prendre des médicaments non dûment préscrits. Les effets secondaires se produisent surtout après un certain temps. Dans l'immédiat, le traitement peut s'accompagner de grandes fatigues. Secondairement peuvent apparaître des vertiges, des nausées, des maux de gorge, de la diarrhée, des irritations cutanées, des vomissements et des difficultés à déglutir. Certains exercices aident à diminuer ces effets, plus ou moins selon les cas.

Exercice 1

Comme d'habitude, mettez-vous dans la position la plus confortable possible... Fermez vos yeux, respirez par le ventre et détendez-vous en faisant vos signaux (doigts serrés et image du paysage) et renforcez votre relaxation par une sophronisation de base. Une fois le niveau sophroliminal atteint, pensez ce qui suit.

[Je sais que le traitement que je vais subir est nécessaire et efficace, c'est pour cette raison que je l'accepte. Je me vois le jour de mon traitement, me préparer pour aller à l'endroit de celui-ci... Je suis totalement détendu et n'ai aucune appréhension... Je m'installe dans la salle d'attente et vois autour de moi d'autres personnes qui attendent leur tour. Certaines ont les traits marqués par l'angoisse... Moi, je suis parfaitement détendu, calme... Au bout d'un moment, on vient me chercher et j'entre dans la salle de traitement... Je vois les imposantes machines de la radiothérapie qui ne m'impressionnent pas le moins du monde... Je suis et reste parfaitement détendu... Je sais que si je ressens la moindre des tensions, il me suffit de serrer les doigts pour qu'elle disparaisse instantanément... On m'installe sur la table de traitement où je suis attaché pour que je reste parfaitement immobile... Je me relaxe totalement pendant toute la séance et pense fortement que les rayons, en entrant dans mon corps, détruisent complètement les cellules cancéreuses, alors que mes autres cellules, beaucoup plus résistantes, ne subissent aucun dommage... Je visualise parfaitement la manière dont les cellules cancéreuses sont anéanties et éliminées de mon corps... Je me vois ensuite rentrer chez moi (ou dans ma chambre) en pleine forme et heureux de l'expérience... Je me vois quelques mois plus tard, débarrassé complètement de mon cancer et libre de tout effet secondaire... Je m'imprègne de cette image... Mon exercice est terminé, je reviens mentalement à l'endroit où je me trouve et me prépare à ressortir de ma détente... je mobilise mes orteils, je bouge mes doigts, je contracte les muscles de mon visage, je respire à fond, je m'étire généreusement, je respire encore une fois et enfin j'ouvre les yeux, avec le sourire parce que c'est plus facile...]

Exercice 2

Cet exercice doit être utilisé lorsque vous vous sentez fatigué, à la suite du traitement ou à n'importe quelle occasion.

[Mettez-vous debout, les pieds écartés pour vous assurer un bon équilibre. C'est la position orthostatique*. Fermez vos yeux et utilisez les signaux que vous avez appris... (Si vous avez des difficultés à rester debout, vous pouvez faire cet exercice assis sur une chaise). Essayez de respirer par le ventre de plus en plus vite... A l'inspiration, le ventre sort, il rentre à l'expiration... forcez sur cette respiration rapide jusqu'à ce que vous sentiez une légère douleur dans le bas du dos ou sur les côtés... Reposez-vous quelques instants en prenant conscience de votre corps qui récupère après l'exercice... Expirez complètement, videz vos poumons le plus possible... Faites une respiration totale (voir chapitre II). Une fois les poumons pleins, retenez l'air, bouchez-vous le nez

avec vos deux pouces, inclinez le buste vers l'avant et, lorsque vous êtes fatigué, écartez vos doigts brusquement en expulsant l'air le plus fort possible à travers le nez... Laissez un assez long moment de récupération en vivant vos sensations et faites cet exercice trois fois de suite... Prenez tout votre temps... Lorsque vous avez terminé, videz à nouveau vos poumons, puis faites une respiration totale, retenez l'air, puis pompez énergiquement avec vos épaules tout en retenant les poumons pleins... Quand nous ne pouvez plus, expulsez l'air énergiquement par le nez... Laissez un moment de récupération et faites cet exercice trois fois... Pensez que vous allez être en pleine forme après ces exercices et que votre fatigue s'est partiellement ou totalement volatilisée... Bougez vos pieds, vos mains, avalez votre salive, étirez vous fortement et enfin, doucement, ouvrez les yeux...]

D) Détruire les cellules cancéreuses

Les cellules cancéreuses sont atypiques, c'est-à-dire anormales. Leur résistance est beaucoup plus faible que celle des cellules normales. Notre défense immunitaire est équipée pour reconnaître et détruire toute cellule étrangère qui pénètre dans notre sang : microbe, bactérie, virus, champignon, organe greffé et cellule cancéreuse. Normalement, les anticorps* de notre sang devraient reconnaître les antigènes des cellules cancéreuses et mobiliser nos défenses pour immédiatement les attaquer et les détruire. Malheureusement, lorsque le cancer se développe, il semblerait qu'il y ait un affaiblissement de notre défense, qui n'effectue plus son travail. Il est donc essentiel de faire tout ce qui est possible pour la renforcer. L'utilisation de certaines techniques de sophrologie et la gestion du stress sont indiquées. L'alimentation joue aussi un rôle important et doit être rigoureusement contrôlée. Je vous recommande d'essayer de manger le plus naturellement possible, des aliments crus, beaucoup de céréales germées, des fruits et des légumes frais, d'éviter la viande, tous les produits conservés, les produits laitiers et tout ce qui contient des additifs artificiels.

Les traitements classiques : chirurgie, chimiothérapie et radiothérapie effondrent les défenses naturelles, il est bon de disposer de techniques qui ont un effet contraire. Pour profiter pleinement des exercices suivants, il est important de vous entraîner à la sophronisation de base et de créer les réflexes de détente immédiate. Il est aussi nécessaire de bien comprendre le mécanisme d'action de notre système immunitaire pour pouvoir ensuite mieux imaginer son fonctionnement. Vous pouvez éventuellement lire un ouvrage sur ce thème. L'essentiel est de vous laisser porter par les images suggérées, de les vivre au mieux dans la profondeur de votre conscience. D'autres images peuvent apparaître hors de toute suggestion; ne les chassez pas, suivez votre imagination, faites confiance à votre inconscient.

Exercice 1

Au début, je vous conseille d'enregistrer une cassette avec votre voix et de l'écouter aussi souvent que possible.

[Je m'installe très confortablement et fais en sorte de ne pas être dérangé pendant la durée de l'exercice. Pour ne pas m'endormir, il est préférable que je fasse mon exercice assis. Je sais qu'à tout moment je peux changer de position. Je regarde devant moi un point sur le mur ou au plafond. Je fixe toute mon attention sur ce point... Peu à peu mes yeux deviennent fatigués... Mes paupières deviennent lourdes... J'ai envie de les fermer. Je les laisse se fermer... Le calme s'installe en moi... Je relaxe les muscles de mon front, de mes joues, je laisse aller mes lèvres, mon menton et laisse les muscles de mes mâchoires se détendre... Ma bouche s'entrouvre légèrement... Je respire paisiblement par le ventre... A chaque expiration je pense calme... Je laisse tomber mes épaules, relâche mes bras, mes avant-bras, mes mains et mes doigts... Je laisse mes membres supérieurs devenir lourds... Tous les muscles de mon corps se détendent progressivement... Je laisse mon thorax s'ouvrir à la respiration... J'ai l'impression de devenir ma respiration... Tout mon corps respire... Mon ventre se décontracte... Tous les muscles de mes organes creux se détendent, mon tube digestif, mes vaisseaux sanguins, ma vessie, mes organes génitaux internes... Je détends mes fesses, mes cuisses, mes mollets, mes pieds et mes orteils... Je laisse mes jambes devenir lourdes, comme attirées par la terre... Tout mon corps est sans tension... Je deviens tout à fait conscient de sa forme et de sa structure... Je suis capable, maintenant, de rentrer en communication avec mon univers intérieur et de contrôler des fonctions qui d'ordinaire m'échappent... je pénètre dans mon inconscient... dans le monde qui contrôle mon système immunologique... qui gère mes fonctions dites « automatiques »... Je suis capable de visualiser ce qui se passe en moi et d'influencer mon métabolisme... Mon corps est comme un pays avec son armée... Mon cancer est comme un envahisseur étranger qui veut s'emparer de ma patrie... Je ne vais pas le laisser faire... Je vais donc faire appel à mon armée qui est merveilleusement équipée... Je sais que celle de l'ennemi est faible, mal armée... ses soldats sont mal nourris et faibles... leurs armes sont anciennes et peu efficaces... Les espions de mon armée ont réussi à repérer les nids des envahisseurs où qu'ils se trouvent... Ils transmettent leurs informations au quartier général de mon armée... Les troupes de choc sont envoyées sur place pour détruire les envahisseurs... Elles sont très puissantes, disposent des armements les plus modernes... Je vois l'ennemi se faire détruire partout dans mon corps... Mes cellules cancéreuses sont détruites... Derrière les troupes de choc, les sanitaires arrivent, enterrent les morts et transportent les blessés hors de mes frontières... Mon corps, ma patrie, se libère de son envahisseur... Mes défenses sont fortes et peuvent détruire et éliminer toute cellule étrangère de mon corps... je vis dans mon imaginaire tous les détails de cette guerre intérieure dont je vais sortir vainqueur... J'ai confiance en moi et dans mes capacités de guérison... Je suis plus fort que la maladie... Maintenant je continue à visualiser ce combat pendant tout le temps nécessaire, pour voir mon pays se libérer complètement de son envahisseur... Je sais qu'il est nécessaire de faire cet exercice au moins deux fois par jour, jusqu'à la disparition totale de toute trace de cancer... Lorsque j'ai terminé, je reprends contact avec mon environnement... je respire tranquillement par le ventre et m'habitue à respirer en permanence de cette manière... C'est la respiration naturelle, celle de tous les petits enfants et de tous les êtres sains... Je laisse l'énergie progressivement entrer en moi... Chaque fois que je désirerai retrouver cet état de détente complète, il me suffira de fermer les yeux et de laisser venir à ma conscience l'image d'un paysage que j'aime... Je laisse venir cette image... A partir de maintenant, je commencerai mes séances par cette image qui provoque, avec l'entraînement, une détente immédiate... L'énergie revient dans mes jambes, dans mes fesses, dans mon ventre, mon thorax, mes épaules et mes bras... Toute la force revient dans ma nuque et surtout dans ma tête où mes idées sont parfaitement claires... Les yeux toujours fermés, je bouge mes orteils, mes mains, les muscles de mon visage, j'avale ma salive, je m'étire à fond tout en faisant une respiration profonde, je fais cela une seconde fois et enfin, j'ouvre les yeux en laissant venir un grand sourire.]

Quand vous connaîtrez bien la méthode, la cassette ne sera plus nécessaire.

Exercice 2

En procédant comme dans l'exercice 1, vous pouvez remplacer l'image précédente par celle-ci :

[Mon cancer est comme un pont à travers une rivière en crue... La rivière est ma circulation sanguine... La pression de l'eau devient de plus en plus forte... Elle devient si intense que le pont est emporté par les eaux puissantes... Il ne reste plus que les piliers... Chaque jour je les vois s'user sous l'effet du courant et diminuer de volume jusqu'à leur disparition totale... Une fois les piliers disparus, toutes les cellules cancéreuses de mon corps seront anéanties...]

Vous pouvez, bien entendu, trouver d'autres images que celle suggérée ci-dessus. Essayez d'utiliser votre créativité imaginative avec d'autres scénarios symbolisant la destruction de votre tumeur. Je vous conseille, après vos exercices, d'essayer de dessiner ce que vous avez vu. Il semblerait que le fait de représenter sous forme de dessin les images de votre conscience, en renforce l'effet.

E) Se motiver à vivre

Il semblerait, d'après des statistiques américaines effectuées par plusieurs centres de cancérologie, que souvent le cancer soit en relation avec un désir inconscient de mourir, c'est-à-dire avec un manque de motivation de vivre. Les personnes atteintes de cette maladie se trouvent fréquemment dans une impasse affective, semblant sans solution, ou n'ont pas de but précis pour leur avenir. Si vous êtes atteint de cancer, je pense qu'il est indispensable de vous donner un but à atteindre dans le futur. Je vous conseille de prendre un peu de votre temps pour trouver une réponse à la question suivante : « Qu'est-ce que je voudrais obtenir de ma vie dans l'avenir ? » Essayez de vous fixer un but, qu'il soit affectif, professionnel ou autre, mais quelque chose de réalisable, de possible. Une fois ce ou ces buts fixés consciemment, je vous propose de le(s) inscrire dans vos circuits neurologiques en pratiquant régulièrement les exercices suivants.

Exercice 1

Comme d'habitude, mettez-vous en position confortable et fermez les yeux. Faites vos signes si vous vous êtes préalablement entraîné. Approfondissez votre détente par une sophronisation de base, puis pensez :

[Je vais entrer en communication avec la profondeur de mon inconscient pour lui donner un programme de futurisation... Je pense fortement à un but de ma vie future, à ce que je désire réaliser... Je vais me voir réussir, atteindre ce but *ici et maintenant*. Je vais vivre dans tous ses détails la réalisation de ce but... Je vois les gens qui peut-être y participent, les lieux, je vis mon but réussi dans tous ses détails... Je m'imprègne profondément de ces images, je les respire... Je sais que tout sera fait pour que ces images deviennent réalité... Je prends tout mon temps pour voir et vivre les buts de ma vie... Lorsque j'ai terminé, je peux faire ma respiration lentement, telle que je l'ai apprise...]

Il est nécessaire de répéter ces exercices régulièrement pour bien imprégner l'inconscient de ces images qui deviennent peu à peu une réalité objective. Si vous n'avez pas trouvé un but à votre vie avant l'exercice, il faut essayer de procéder comme il est indiqué ci-dessous.

Exercice 2

Comme toujours, vous commencez, après vous être mis dans une position confortable, à faire vos signaux et à approfondir votre détente par une sophronisation de base. Puis vous pensez ceci :

[J'imagine que je suis assis devant un écran de cinéma vide... Je regarde cet écran en pensant qu'il va y apparaître une image... pas n'importe quelle image... l'image de moi dans le futur... Je vais me voir réaliser une chose à laquelle je n'avais pas pensé... Je vais trouver un but à ma vie... Mieux encore, je me vois réellement atteindre ce but, le réaliser... Je me vois entrer dans l'écran et vis les images dans la réalité objective... Lorsque j'ai terminé, je fais ma reprise habituelle comme je l'ai appris.]

F) Comprendre sa maladie

Dans la majorité des cas, une maladie a sa raison d'être, c'est, comme les rêves, un message de l'inconscient, en quelque sorte un avertissement. Un symptôme est significatif et il est nécessaire de comprendre son sens pour le guérir. En ce qui concerne le cancer, nous avons souvent observé qu'il indiquait une nécessité absolue de changer de mode de vie. La maladie se déclenche fréquemment après des situations précises, telles que : rupture affective brusque, grave impasse professionnelle ou affective, sentiment d'être abandonné et que personne ne s'intéresse à nous et excédent de stress. Parfois, il existe une causalité méconnue, totalement inconsciente. La signification même du symptôme nous échappe. Pourtant il serait important de la connaître. De toute manière, cette maladie nous appelle à un changement de vie.

Exercice

Comme d'habitude, installez-vous confortablement et fermez vos yeux. Relaxez-vous en utilisant vos signaux et en approfondissement votre détente par une sophronisation de base. Une fois le niveau sophroliminal atteint, pensez ce qui suit maintenant.

[J'imagine que je suis dans un cinéma devant un écran vide... Petit à petit je m'aperçois que cet écran se remplit d'une couleur... je la laisse venir spontanément... Lorsque tout l'écran est coloré, je vois apparaître en son centre le mot CANCER en grandes lettres... Mentalement je me pose la question : « Quelle est ta signification ? » Je fixe bien cette question et attends que peut-être une image apparaisse sur l'écran et me donne la réponse... Si une image vient, je prends tout mon temps pour l'observer et la comprendre... Ensuite, je me pose la question : « Que dois-je changer dans ma vie ? » J'attends une réponse qui va apparaître sur l'écran, soit sous la forme d'une image, soit sous la forme d'un texte... Enfin, je peux essayer de poser la question suivante : « Quel est le facteur de ma vie qui a déclenché la maladie ? » Là aussi, j'attends une éventuelle réponse... Lorsque j'ai terminé, je fais lentement mes exercices de reprise.]

Cet exercice demande beaucoup d'entraînement et doit être répété souvent. Au début, il est difficile d'avoir des images précises, mais avec la répétition elles deviennent de plus en plus claires et significatives.

Le fait d'arriver à mieux saisir le sens de la maladie peut être une aide précieuse pour la bonne conduite de son traitement. Dans la majorité des cas, il faut remettre en question notre mode de vie et souvent aussi de penser. L'apprentissage de la pensée positive (chapitre V) est une aide efficace pour la guérison.

CHAPITRE X

Sophrologie et sida

Le sida est devenu une plaie de notre société, la peste du vingtième siècle. Le nombre de porteurs du virus HIV est en augmentation constante. Il en est de même des cas de maladie déclarée. Dans la tourmente, il faut essayer de garder l'esprit serein et de dédramatiser la situation. Là, comme ailleurs, la prévention est le plus important.

Etre séropositif ne signifie pas obligatoirement l'apparition de la maladie. Il faut tout mettre en oeuvre pour renforcer la défense immunitaire, améliorer la qualité de la vie, diminuer les méfaits du stress exagéré, apprendre à s'alimenter sainement, devenir un penseur positif et cultiver le sens de l'humour et le rire. Les mêmes règles sont applicables si la maladie est apparue. Si c'est le cas, lisez attentivement ceci. **Le sida, même déclenché, n'est pas forcément mortel. Il existe déjà dans la littérature de nombreux cas qui se sont guéris**. Il faut garder la motivation de vivre et lutter contre la maladie qui n'a pas toujours le dernier mot. Voici un exercice que vous pouvez faire régulièrement si vous êtes séropositif.

Exercice 1

Avant de commencer, encore une explication. Le thymus, glande endocrine située au centre du thorax, sous le sternum, joue un rôle important dans le système immunologique. Il sécrète des thymosines qui assurent la maturation de certains globules blancs, particulièrement des lymphocytes T4, agent de protection efficace contre tout envahisseur étranger, y compris le virus du sida. Dans la technique qui va suivre, on va focaliser la conscience sur le thymus, pour essayer de stimuler sa fonction.

Installez-vous confortablement, faites vos signaux et votre sophronisation de base après avoir fermé les yeux.

[Je me laisse aller dans mon corps, je le vis parfaitement sans tensions... je suis conscient qu'en utilisant bien mes ressources intérieures, je peux améliorer mes défenses et neutraliser complètement le virus HIV... Je sais que je peux être plus fort que lui et le vaincre.... C'est mon cerveau qui commande tout, y compris mon système endocrinien et immunologique... je commence par porter toute mon attention sur mon thymus... J'essaie de me le représenter... Il est comme un pruneau sous mon sternum... J'imagine qu'il chauffe, qu'il devient un peu comme électrique... je commence à sentir la chaleur qui augmente progressivement... J'imagine le liquide qui s'écoule de cette glande dans mon sang... Il se répand partout, mais surtout dans la moelle de mes os plats (sternum, côtes, omoplates, bassin)... Il permet la maturation des mes lymphocytes T4... Ces derniers neutralisent tout corps étranger dans mon sang... Ces lymphocytes sont en excellente santé et ne se laissent pas attaquer par le virus du sida... Au contraire, ils le détruisent... J'imagine cette destruction, cette épuration de mon sang... A partir de maintenant je vais être capable de contrôler le stress, pour qu'il ne devienne pas trop fort... Chaque fois que je me sentirai agressé, par qui que ce soit, je serai capable de me détendre immédiatement, soit en serrant les doigts, soit en fermant les yeux et en regardant l'image d'un paysage... Je deviens capable de résoudre tous mes problèmes dans le calme et la détente, je suis capable de rester calme et détendu dans n'importe quelle situation... Je sais qu'il est nécessaire de fixer un but à ma vie... Je pense à ce but... je pense à quelque chose que je désire réaliser dans l'avenir... Je me vois réaliser ce but... Je le vis dans tous ses détails... A partir d'aujourd'hui, il me suffira de mettre ma main sur mon thymus pour qu'instantanément il se chauffe... Cette chaleur restera présente chaque fois pour vingt-quatre heures... Je sens cette chaleur qui devient de plus en plus précise... Mon thymus s'active de mieux en mieux... Je sais aussi que je dois être plus attentif à mon alimentation et dois éviter toutes les conserves... Je dois aussi éviter les graisses animales cuites... Je dois manger le maximum d'aliments crus, fruits et légumes... Je dois apprendre à faire des graines germées et en manger régulièrement... Je dois aussi être attentif à mes boissons, éviter l'alcool et les boissons artificielles du commerce, je dois boire surtout de l'eau, des jus de fruits frais et des tisanes... Je dois éviter les boissons excitantes telles que le café et le thé... J'ai la volonté de modifier mes habitudes alimentaires... Je suis plein de force et d'énergie et vais chercher à m'entourer de gens positifs et de choses que j'aime... Je vais m'écarter des endroits trop bruyants qui créent du stress... Je vais essayer de pratiquer régulièrement du sport pour stimuler ma circulation et mes défenses... Je vais m'entourer le plus possible de gens joyeux et faire des choses drôles... Je vais rire le plus possible de moi... Je reste quelques instants dans cette situation privilégiée et essaie de ne plus penser... Chaque fois que je mettrai ma main sur le thymus, il deviendra chaud pour vingt-quatre heures... Je me prépare à faire ma sortie... Je respire à fond... Je bouge mes orteils... mes doigts... mon visage... Je sais que chaque fois que je serrerai mes doigts ou regarderai l'image de mon paysage, je serai immédiatement relaxé... Je m'étire complètement... Je respire encore une fois et enfin, doucement, j'ouvre les yeux avec le sourire.]

Exercice 2

Si votre maladie est déclenchée, vous pouvez faire l'exercice précédent chaque jour. Si vous suivez un traitement de chimiothérapie, vous devez faire les exercices du chapitre IX B. En plus, faites ce qui suit.

Comme toujours, commencez par vos signaux et approfondissements par la sophronisation de base.

[Je suis tout à fait calme... Je vais lutter contre ma maladie et démontrer qu'il est possible de la vaincre malgré sa mauvaise réputation... Je sais que je peux guérir... Il y a de nombreuses guérisons... Je veux être un de ces cas... J'ai confiance en moi et en mon traitement... Je suis plein d'espoir... je ne veux pas me laisser envahir par le virus et vais réunir toutes mes défenses pour le détruire... J'imagine mon armée de globules blancs en train de détruire le virus envahisseur... J'imagine ce combat dont mon corps sort victorieux... je me donne tout le temps nécessaire pour vivre cette aventure intérieure dans tous ses détails... je sais que chaque fois que je serrerai mes doigts ou regarderai mon paysage, je serai aussi détendu que maintenant... Je suis prêt pour ma reprise que je fais très lentement comme d'habitude...]

CHAPITRE XI

Sophrologie et drogue

La fin du vingtième siècle est marquée par deux fléaux détruisant l'humanité : le sida et les drogues. Le second est en augmentation progressive, surtout en ce qui concerne la consommation de marijuana, des drogues dures (héroïne, morphine, cocaïne, crack), de l'alcool et de la consommation des tranquillisants et des somnifères. Par contre, la consommation du tabac, grâce à une sensibilisation par une grande propagande médiatique, est en forte diminution. Aux Etats-Unis, on ne fume presque plus; c'est désormais une offense d'offrir une cigarette. L'atmosphère est devenue respirable dans les lieux publics. Malheureusement, dans les pays européens, le tabac continue à tuer quatre fois plus que les accidents de la circulation. Quelle que soit la drogue consommée, elle démontre toujours la faiblesse psychique du consommateur. Tout drogué est faible et névrotique. De plus, comme le dit si bien Bettelheim, il n'existe pas de drogués heureux. Nous ne voulons pas ici développer la causalité de la consommation de drogues, mais nous souhaitons simplement donner quelques techniques qui permettent d'aider le consommateur à se débarrasser de ses mauvaises habitudes et de sa dépendance tant psychologique que physique. Pour que de telles techniques soient efficaces, il est impératif que le consommateur soit motivé pour arrêter. Si ce n'est pas le cas, toute intervention est inutile.

A) Comment arrêter de fumer

Vous connaissez certainement les dangers du tabac, dus d'une part à la nicotine qui détruit les vaisseaux sanguins et, d'autre part, au goudron hautement cancérigène que dégage le papier en brûlant. Si vous désirez arrêter de fumer, je vous conseille de pratiquer l'exercice suivant.

Exercice 1

Confortablement installé, fermez vos yeux et faites vos signaux. Comme d'habitude, vous renforcez la détente par une sophronisation de base, puis continuez ainsi.

[Je suis conscient que le tabac est très toxique et tue une grande quantité de gens chaque jour. Moi, j'ai envie de vivre, je veux échapper aux souffrances d'un cancer de la bouche, des bronches, des poumons ou de l'estomac. Je veux aussi échapper à l'infarctus du myocarde* ou à l'hémorragie cérébrale qui menace les fumeurs. Pour cela, je décide aujourd'hui d'arrêter progressivement de fumer, pour permettre à mon corps de s'habituer peu à peu au manque de nicotine. Je sais que si je ne fais aucun effort de volonté, je ne parviendrai à aucun résultat. Je me sens fortement motivé pour arrêter d'être l'esclave d'une drogue... Lorsque j'aurai arrêté de fumer, j'aurai beaucoup plus confiance en moi... Aujourd'hui je vais me faire un programme mental qui va me permettre d'arrêter progressivement avec le minimum de souffrance et sans prendre de poids... Je suis fier d'avoir pris cette décision et de la suivre rigoureusement... Dans cinq jours, je vais commencer à fumer une cigarette de moins par jour... Si je fume trente cigarettes, je n'en fumerai que vingt-neuf et en aucun cas je ne dépasserai ce nombre, quelles que soient les circonstances dans lesquelles je me trouverai... Chaque cinq jours je supprimerai une cigarette, sans jamais faire d'exception... dans un mois je fumerai déjà six cigarettes de moins... dans deux mois : douze... dans trois mois : dix-huit... dans quatre mois : vingt-quatre. Il ne me restera alors plus que six cigarettes pour la journée... Je les garderai pour après les repas... A la fin du cinquième mois, j'arrêterai définitivement de fumer... Je dis bien définitivement... Chaque cinq jours, je modifierai mon programme... Je ne prendrai pas de poids... S'il m'arrive d'avoir envie de fumer, alors que j'ai consommé la dose journalière autorisée, à la place de cigarette, je mâcherai un chewing-gum sans sucre... Jamais je ne dépasserai la quantité fixée chaque jour... Tous les soirs, avant de m'endormir, je répéterai le programme du lendemain mentalement... Chaque matin, je préparerai les cigarettes auxquelles j'ai droit pendant la journée... Une fois consommées, je ne toucherai aucune cigarette supplémentaire quelle que soit la situation... Je sais que lorsque j'aurai arrêté complètement, je souffrirai encore de temps à autre de manque, mais je saurai dire non à toute offre de cigarette, dire non à mon instinct de mort... je ne retoucherai ensuite jamais plus à cette drogue dure qui tue... Mon corps va progressivement se désintoxiquer... mes poumons se libérer du goudron dont ils sont imprégnés... Je me vois déjà quand je ne fumerai plus... Ma respiration sera libre et légère... Je me sentirai mieux dans ma peau et serai fier de mon succès... Je me vois déjà répondre à un ami qui m'offre une cigarette : « Non merci, je ne fume plus »... Je m'imprègne de ces images comme une éponge s'imbibe d'eau... J'ai confiance en moi et sais que je vais réaliser ce programme sans aucune défaillance... Mon exercice est terminé... Je garde mes yeux fermés et renforce mon réflexe de détente en serrant mes doigts et en laissant l'image de mon paysage remplir mon écran mental... Chaque fois que je ferai ce geste ou que je regarderai cette image derrière mes paupières closes, je retomberai immédiatement dans l'état de détente dans lequel je suis maintenant... L'énergie revient en moi... Je prends conscience de l'endroit où je me trouve... je bouge mes pieds... mes mains... j'avale ma salive... je respire à fond et, doucement, j'ouvre les yeux.]

Il faut faire cet exercice chaque jour. Le mieux est de l'enregistrer sur une cassette et de changer mentalement le programme, à mesure que vous diminuez le nombre de cigarettes journalières.

Exercice 2

Une fois relaxé, après utilisation des signaux et de la sophronisation de base, procédez de la manière suivante.

[A partir d'aujourd'hui, je ne vais plus fumer que les cigarettes qui me font vraiment plaisir... Sur le nombre de cigarettes que je fume, il y en a plus de la moitié que je fume par pur automatisme, sans même le savoir. Je vais mettre mon paquet de cigarettes dans un tiroir fermé à clé, ou dans une poche difficilement accessible, de telle manière que chaque fois que je voudrai une cigarette, je sois obligé de réfléchir pour l'obtenir, car je devrai prendre la clé du tiroir, ou ouvrir le bouton ou la fermeture Eclair de ma poche... Chaque fois je me poserai la question : « Est-ce que j'en ai vraiment envie ? »... Si la réponse est « non », j'arrêterai mon geste et ne fumerai pas... Je diminuerai ainsi considérablement, immédiatement, ma consommation journalière en cigarettes... Je vais utiliser ce système dès la fin de cette séance, que je répéterai tous les jours jusqu'à ce que je sois habitué à ne fumer que consciemment... Ensuite, pour arrêter cette mauvaise habitude, je pratiquerai l'exercice 1, pour supprimer une cigarette chaque cinq jours... Mon exercice est terminé... je fais lentement ma reprise habituelle, sans oublier de répéter préalablement mes signaux.]

B) Arrêter de boire de l'alcool

L'alcool est une drogue si courante qu'on a presque oublié sa toxicité. Pourtant, elle tue plus que toutes les autres drogues réunies. Elle détruit l'organisme dans sa totalité, avec un effet plus aigu sur le foie et le cerveau. Elle est la cause de nombreux accidents de la circulation et du travail. L'alcoolisme est une plaie nationale pour de nombreux pays. L'alcoolique n'est pas forcément celui qui se saoule régulièrement, mais plutôt celui qui a l'habitude de prendre régulièrement tous les jours des apéritifs, suivis par la consommation de vin à table et d'un digestif après le repas. Il n'est jamais ivre mais, totalement dépendant de l'alcool, il ne peut pas s'en passer. Ses réflexes sont fortement diminués et peu à peu son mental est atteint. Se débarrasser de cette fâcheuse habitude n'est pas aisé. Comme tout drogué, l'alcoolique est un faible. Il fuit devant les problèmes de la vie par ce moyen qui ne résout rien. Il a besoin de boire pour se sentir fort ou pour cacher sa timidité. L'alcool est souvent la source de conflits familiaux parfois dramatiques. Il existe des centres spécialisés pour la désintoxication des alcooliques, mais tant que l'alcoolique n'a pas décidé lui-même d'arrêter, ils ne servent à rien. Il en est de même de l'institution des Alcooliques anonymes. Si une personne est vraiment motivée pour arrêter, l'aide apportée par ces organisations ou par la sophrologie est efficace. Une fois désintoxiqué, il est impératif que l'ex-drogué ne retouche jamais à l'alcool, sous quelque forme que ce soit. Une seule gorgée et le travail de longs mois est à recommencer. C'est surtout sur ce dernier point que reposent les difficultés. Arrêter de boire est relativement facile, mais maintenir le résultat, c'est une autre histoire. Le problème est semblable avec les fumeurs et les drogués. Les exercices de sophrologie peuvent apporter une aide appréciable pour autant que la pratique en soit régulière.

Exercice 1

Installez-vous confortablement, assis ou couché. Fermez les yeux. Respirez par le ventre et, si vous êtes entraîné, faites vos signaux. Renforcez votre détente par une sophronisation de base. Puis pensez ce qui suit. (Vous pouvez faire une cassette).

[Je suis parfaitement détendu... Je sais que l'alcool détruit progressivement ma vie ... Il attaque mes facultés mentales... Il détruit mon foie... Il est temps que j'arrête cette mauvaise habitude... Je vais me motiver chaque jour davantage pour arrêter petit à petit... Je vais programmer mon cerveau dans ce but... Dès le... (choisissez une date), je ne prendrai plus de digestif après les repas et ne boirai plus d'alcool entre les repas, et ceci quelles que soient les circonstances... je ne trouverai aucune excuse pour faire une exception... Je sais que j'ai la force et le courage de suivre ce programme à la lettre... Je prends confiance en moi et me fais à l'idée que bientôt j'arrêterai de boire de l'alcool complètement et définitivement... Je m'imagine déjà à cette époque et me réjouis d'y parvenir... Je me vois fier de moi... ayant les idées beaucoup plus claires, me sentant beaucoup mieux dans ma peau... Je vois déjà la tête étonnée de mes amis et de ma famille... Je veux leur démontrer que je suis capable de me passer complètement de toute boisson alcoolisée... L'idée de me lancer ce défi m'enchante... Je sais que je vais gagner, car chaque jour je deviens plus fort... Dès la date fixée, je ne boirai plus de digestifs et ne consommerai aucun alcool entre les repas, même pas une bière... Je vais suivre cette discipline, même si au début cela va être difficile... Je pense un instant à mes cellules qui en ce moment travaillent avec acharnement pour me garder en vie... Elles travaillent jour et nuit dans ce but... Elles me donnent de l'amour, plein d'amour... et moi je les empoisonne avec de l'alcool qui les fait souffrir avant de les détruire... Je vais commencer à apprécier la vie en moi... à m'aimer... Je vais ainsi perdre l'envie de me faire du mal, de me tuer... Je sais que si je n'arrête pas, la cirrhose mortelle me guette... Je vais arrêter de détruire mon foie... Je reste un moment totalement détendu et apprécie cet instant de paix intérieure... Je vais faire régulièrement cet exercice jusqu'à ce que ma programmation mentale soit complètement réalisée... Ensuite, je passerai à l'exercice suivant pour continuer ma rééducation... Maintenant je suis prêt pour ma reprise que je vais faire lentement comme d'habitude... L'énergie revient dans mon corps... Je respire à fond... Je bouge les orteils... Je mobilise mes doigts... J'avale ma salive... je m'étire à fond... Je respire encore... et enfin, doucement, j'ouvre les yeux.]

Exercice 2

[Une fois bien installé, je fais mes exercices habituels pour aller en état sophronique... Signaux et sophronisation de base... Je vais continuer ma programmation mentale... Déjà je ne bois plus d'alcool après et entre les repas... Je suis fier de cette première réussite... Maintenant, à partir du... (date que je me fixe), je cesserai de boire tout apéritif avant les repas et ceci quelle que soit l'ambiance dans laquelle je me trouve... A la place, je boirai de l'eau minérale ou un jus de fruit... Je me vois déjà dans cette situation... Quelle tête vont faire mes amis quand je refuserai l'apéritif traditionnel ! Et pourtant je le ferai systématiquement... Je me vois au restaurant m'installer au bar avant le repas, fier de commander ma boisson sans alcool... Je me vois ensuite après le repas n'ayant pas envie de digestif... Mon corps s'est habitué et je ne souffre pas de manque... je me contente de boire du vin à table... et bientôt je pourrai aussi m'en passer complètement... Je sais que cela est nécessaire pour me désintoxiquer complètement... je me prépare progressivement à cette idée... Pour l'instant, je cesse définitivement de boire entre, avant et après les repas... Je ne fais aucune exception... Mes réflexes reviennent peu à peu... Le centre du plaisir de l'alcool dans mon cerveau s'inhibe de plus en plus... Je n'ai plus de demande, plus de dépendance ni physique ni psychique... Bientôt j'arrêterai aussi le vin... je vais maintenant faire ma reprise habituelle à mon rythme...]

Exercice 3

[Je commence mon exercice de base pour me détendre complètement... Maintenant que je ne bois plus d'alcool entre, avant et après les repas, je vais faire une nouvelle programmation mentale pour arrêter la consommation pendant les repas... je vais faire une programmation progressive... A partir du... (date que je me fixe), je ne boirai plus que trois décilitres de vin pour accompagner mes repas... Je me tiendrai strictement à ce programme sans jamais faire d'écart... Je m'imagine lors de ce repas... Je me contente parfaitement de ces trois décilitres... Mon corps s'habitue à ne plus recevoir davantage d'alcool... Je me sens de mieux en mieux dans toutes les occupations de ma vie... Je sais que je vais encore progresser pour atteindre le but que je me suis fixé, d'arrêter toute consommation de boisson alcoolisée... Si je veux, entre les repas, je peux boire de la bière sans alcool... Je sais qu'à partir de la date que je me suis fixée, je ne boirai plus que trois décilitres de vin avec mes repas... Mon exercice est terminé... Je peux maintenant faire lentement ma sortie habituelle...]

Par la suite, vous répétez le même exercice, en réduisant la consommation à deux décilitres, puis à un, pour arriver à un arrêt total et définitif... Si vous avez décidé d'arrêter, vous pouvez y arriver parfaitement par cette programmation progressive. L'essentiel est de ne jamais recommencer.

C) Comment essayer de se libérer des drogues ?

Lorsqu'on a pris l'habitude dramatique de consommer des drogues dites dures, il est extrêmement difficile de s'en débarrasser. Ni la prison ni les cures de désintoxication n'apportent une solution au problème. Un drogué a besoin avant tout d'amour, de compréhension et d'aide. Les actes punitifs sont non seulement inutiles, mais stupides. Le seul moyen d'aider un drogué est de lui donner une motivation de vivre. Nous ne devons jamais perdre de vue que c'est un suicidaire. Comme il n'a pas assez de courage pour se tuer directement, il se tue lentement.

Les jeunes d'aujourd'hui, dans nos pays industrialisés, bénéficient de facilités qui s'avèrent être finalement un grand désavantage pour certains d'entre eux, hélas de plus en plus nombreux. Pour les plus faibles et les plus fragiles, pour ceux dont la structure psychologique est délicate, ou encore les filles et garçons trop gâtés, ou au contraire délaissés par leurs parents, etc. Pour échapper aux difficultés, aux règles imposées par la société, aux problèmes personnels, ils se réfugient dans la drogue. Ils deviennent des marginaux et entrent dans un monde infernal, dans un cercle vicieux.

Pour les drogués, décidés à se désintoxiquer, les techniques sophroniques représentent un moyen de soutien psychologique.

Les exercices suivants doivent être enregistrés au préalable avec la voix de l'intéressé.

Exercice 1

Installez-vous confortablement, assis ou couché, sûr de ne pas être dérangé pendant la séance. Vous fermez les yeux et faites votre sophronisation de base telle qu'elle est décrite dans le chapitre I, puis continuez de la manière suivante.

[Je prends conscience de mon corps détendu... je prends conscience de ses points d'appui sur le lit ou sur le fauteuil... J'ai l'impression de m'enfoncer peu à peu et de pénétrer profondément en moi, dans la profondeur de mon être... Je réalise que je suis vivant, que mon sang circule et apporte à mes cellules tous les aliments dont elles ont besoin... Je réalise combien il est merveilleux d'être vivant... En ce moment, dans mon corps, chaque cellule travaille pour maintenir cette vie... Ces cellules sont comme des milliards d'êtres vivants constituant ce que je suis... Je commence à donner de l'amour à ces cellules... C'est cela, je commence à m'aimer, à aimer cette vie en moi... A apprécier ce que je suis... Je réalise que la drogue intoxique, tue peu à peu mes cellules, qui pourtant s'efforcent sans cesse de maintenir la vie et de me donner de l'amour... A mon tour, je vais essayer de m'aimer, d'aimer mon corps, mes cellules... Je prends conscience que la drogue est nocive et je réalise que je peux obtenir un changement de ma conscience par des moyens naturels et constructifs, sans produits toxiques. Je vais devenir capable de me prendre en charge, de prendre la responsabilité de ma vie et de mon épanouissement. Je réalise que mes problèmes ne peuvent en aucun cas trouver de solution par la drogue... Quels que soient ces problèmes, il y a toujours une solution, solution que je peux trouver beaucoup plus facilement si je suis calme, détendu et lucide... Oui, je veux vivre... Je veux me réaliser... je veux découvrir le bonheur... je sais qu'il existe et il est à ma portée... Tant que je me drogue, je serai malheureux... Il n'y a pas de drogués heureux... J'imagine que j'ai devant moi un écran de cinéma vide... Sur cet écran je découvre l'image d'un moment heureux de ma vie passée... Je fais rentrer en moi cette image à l'inspiration... Sur ce même écran, je laisse venir une image de quelque chose que je désire réaliser de positif dans l'avenir... l'image devient de plus en plus précise... Je rentre dans l'image... Je deviens l'image... Je suis cette image et en imprègne toutes les cellules de mon corps à l'inspiration... C'est ainsi que je veux devenir... Libre et heureux... J'ai le droit au bonheur... Cela dépend de moi et de personne d'autre.

Mon exercice est terminé... Je me prépare à ressortir de ma détente... Je me sentirai calme et détendu... La nuit prochaine, je dormirai paisiblement... Je respire à fond... bouge les orteils, remue les doigts, fais des grimaces... Je m'étire fortement, respire à fond une seconde fois et enfin j'ouvre les yeux avec un sourire vers la vie.]

Exercice 2

Installez-vous confortablement, assis ou couché, fermez les yeux et faites votre sophronisation de base. Continuez de la manière suivante.

[Le bonheur que je cherche ne se trouve en aucun cas dans la chimie des drogues, mais il est en moi, dans la profondeur de mon être... C'est là que je vais le chercher et tenter de le découvrir... Les éléments extérieurs de ma vie, tels ma famille, mes amis, mes amours, mon travail, mes loisirs, etc., ne sont pas la vraie source de mon bonheur, ils ne peuvent qu'y participer... Tout est en moi et il est temps de le découvrir... Mon éducation a trop mis l'accent sur les facteurs externes et pas assez sur l'importance des processus intérieurs... je pénètre peu à peu dans mon monde intérieur, je pénètre par ma conscience dans mon corps pour tenter d'y découvrir la vraie source du bonheur... J'entre en moi, dans la profondeur de mon être... dans mon hara... (centre d'énergie situé dans le bas-ventre)... C'est là que se trouve la source essentielle du bonheur... Chez moi elle est comme une graine qui ne demande qu'à grandir, à s'épanouir... Elle ne peut pas, car elle est détruite par la drogue... Je prends conscience de cette source du vrai bonheur et aspire à la faire s'épanouir... et couler librement dans tout mon être, dans toutes mes cellules, toutes mes molécules, tous mes atomes... Je m'identifie peu à peu à ce bonheur intérieur... je le vis... je le deviens... Je réalise que le bonheur éphémère que me donne la drogue n'a rien à voir avec le vrai bonheur... C'est quelque chose de superficiel, non durable et destructeur... Je me sens de plus en plus motivé pour me libérer de cette fâcheuse habitude... Il existe en moi une lutte inconsciente entre mon instinct de vie et mon instinct de mort... Pour le moment, c'est l'énergie du *thanatos* (instinct de mort) qui domine... Je suis capable de libérer peu à peu l'énergie de mon *éros* (instinct de vie), qui va prendre le pas sur mon autodestruction inconsciente... Je dis oui à la vie... oui au bonheur possible... Je me vois dans l'avenir, ayant retrouvé mon équilibre et ma santé intérieure... Je me vois réaliser quelque chose que je souhaite... je me fixe un but précis... Je l'imagine dans tous ses détails... Je m'imprègne de cette réussite... Je laisse pénétrer ces images dans mes cellules, mes molécules, mes atomes... Le passé n'a aucune importance, ce que j'ai fait jusqu'à aujourd'hui fait partie des expériences de la vie... je ne regrette rien, mais je décide de changer... de devenir autrement... Tout est possible... Si je décide d'arrêter de consommer des drogues, je suis capable de le faire... Je suis le seul à pouvoir prendre cette décision... J'ai confiance en moi et suis capable de changer de vie, de changer d'amis et même, si cela est nécessaire, d'environnement... Je reste un moment tranquille et me représente ce que pourrait être la vie sans dépendance chimique, une vie libre, où je deviendrai fort et heureux... Une vie où je deviendrai responsable... La nuit prochaine, je dormirai calmement et, à la suite de cette séance, je me sentirai calme... Quelque chose change peu à peu dans mon monde intérieur... Une force de vie s'éveille et grandit de jour en jour... Je prends confiance en moi... Je reviens maintenant à l'endroit où je fais mon entraînement... je laisse l'énergie envahir mon corps... Je respire profondément... Je bouge mes orteils, mes doigts et fais des grimaces avec mon visage... Je m'étire fortement... respire encore une fois à fond et lentement j'ouvre les yeux avec un sourire vers la vie.]

CHAPITRE XII

Sophrologie et bien-être

En consultation de sophrologie, nous rencontrons tous les jours des patients qui, consciemment, mais le plus souvent inconsciemment, refusent de s'accepter tels qu'ils sont. Ce refus psychologique de soi se manifeste par des symptômes divers : maladie cutanée, signifiant très souvent être mal dans sa peau, obésité correspondant à « je ne m'aime pas », etc. Dans tous les cas, le fait d'apprendre à s'accepter et à s'aimer dans son corps tel qu'il est facilite le remodelage psychologique et la guérison de la maladie.

Bien des maladies chroniques restent pour l'instant sans traitement pouvant amener une rémission. C'est le cas, par exemple, du diabète insulino-dépendant*, de la sclérose en plaques*, de certaines formes d'arthrite, ainsi que d'autres symptômes. Dans ce cas, il est important d'apprendre à vivre avec son symptôme et de le considérer un peu comme un ami de voyage nous accompagnant partout dans notre vie. Il en est de même pour les personnes atteintes de paralysies ou de malformations. Seule l'acceptation consciente et inconsciente de la situation peut permettre, malgré tous les inconvénients, une vie heureuse et épanouie. L'acceptation de soi n'est pas toujours facile. Elle demande un entraînement de longue haleine. Parfois, un traitement par un spécialiste est indispensable pour aider à résoudre les problèmes inconscients sous-jacents. Les exercices qui vont suivre peuvent cependant apporter un soulagement à tous ceux qui se sentent mal dans leur peau. Il est nécessaire, au préalable, de bien avoir assimilé la sophronisation de base.

Exercice 1

Etendez-vous le plus confortablement possible, après avoir pris les précautions pour ne pas être dérangé pendant la séance. Faites votre sophronisation de base et continuez de la manière suivante.

[Je suis conscient de la forme du volume de mon corps sans tension. J'essaie de m'installer très confortablement dans ma peau, un peu comme un bébé s'installe dans sa barboteuse. Je me sens bien protégé par elle. Ma peau est élastique et souple. Je suis un être humain dans toute l'acceptation du terme. Mon corps, mon âme et mon esprit créent une unité indissociable. Avec ma psyché et mon esprit, j'accepte mon corps quels que soient sa forme, son volume et même ses défauts. Mon esprit, par la pensée, domine tout mon être. Je découvre que je peux être heureux tel que je suis, car le bonheur est en moi dans la profondeur de mon être. C'est là que je vais le découvrir, le faire grandir en moi, comme une graine que je fais pousser et qui peu à peu va envahir tout mon être, toutes mes molécules, tous mes atomes... Je deviens ce bonheur, je deviens l'harmonie, la sérénité et la paix. Le vrai bonheur est en moi et non autour de moi... Mes amis, mes amours, ma famille, mon travail, etc., ne peuvent que contribuer à mon bonheur, mais en aucun cas le créer... Chacune de mes cellules est porteuse de ce bonheur... Je suis en réalité constitué de centaines de milliards de cellules qui travaillent ensemble pour me maintenir en vie et pour me donner du bonheur... pour me permettre d'être bien dans ma peau... Je m'étire doucement, très progressivement... Je tends la jambe gauche, puis la droite... je tends mon bras gauche... puis le droit... je contracte les muscles du visage... j'étire tout mon corps et maintiens cette tension le plus longtemps possible... puis je me relaxe progressivement... et me laisse aller complètement dans mon corps, corps que j'aime et que j'accepte comme il est, même si j'ai envie de le changer... Je m'installe vraiment confortablement dans ma conscience pour revivre intensément *ici et maintenant* une expérience heureuse de mon existence... J'en retrouve tous les détails et laisse entrer en moi ces images à l'inspiration... J'en emplis mes cellules, mes molécules et mes atomes... tout mon corps... Une fois cette situation bien vécue, je tends lentement tout mon corps pour bien la faire entrer dans ma mémoire cellulaire... Puis je me détends à nouveau encore plus profondément... J'essaie pendant un instant de faire le vide mental... de ne plus penser... de simplement être... Je reste ainsi tout le temps que je désire et découvre peut-être le vide universel, le grand vide, la vacuité décrite par les grands sages zen... Je fais partie de l'univers, le macrocosme* est semblable au microcosme*... ce qui est en haut est comme ce qui est en bas... Tout existe en fonction de tout... Je fais partie du grand tout tel que je suis... Je m'accepte... Je m'aime... Mon exercice est terminé... Je me prépare lentement à ma reprise que je vais effectuer à mon rythme tel que je l'ai appris dans la sophronisation de base... à la fin j'ouvre les yeux avec un sourire vers la vie.]

Exercice 2

Cet exercice se pratique de préférence debout devant une chaise, puis assis. Il est dérivé de la relaxation dynamique I et II de Caycedo. Si vous ne pouvez pas rester debout, faites tout l'exercice assis.

Comme d'habitude, je vous propose d'enregistrer une cassette avec votre voix, en laissant d'assez longues pauses à tous les points de suspension.

[Je m'installe debout en position orthostatique*. Les yeux ouverts, je porte toute mon attention sur ma respiration... Je respire par le ventre... uniquement par le ventre... A chaque expiration je pense « calme »... Je fixe attentivement un point devant moi jusqu'à ce que je ressente une légère fatigue oculaire... Je laisse mes yeux se fermer tout seuls... Je prends conscience de la forme, du volume de mon corps sans tension... Je sens tout le poids de mon corps reposer sur la plante de mes pieds... Doucement j'élève mon bras gauche vers le plafond... Je le tends le plus fort possible, comme pour m'allonger... Pendant que je maintiens cette tension, je contracte tous les muscles de ma jambe droite comme pour l'enfoncer dans le sol... je maintiens cette tension croisée que je renforce encore davantage... Je relâche doucement mon bras et ma jambe et prends mieux conscience de ces membres... Je fais maintenant le même exercice en sens inverse... Tension du bras droit et de la jambe gauche... De plus en plus fort... Relaxe... Enfin, je vais contracter progressivement tout mon corps... Je serre les dents et plisse mon front et mon nez... je rejette ma tête vers l'arrière pour contracter mon cou... je tends mes bras... contracte mes épaules... tends mon dos... serre mes fesses et enfin, contracte les jambes... Je maintiens cette tension totale quelques instants, puis la relâche progressivement en prenant entièrement conscience de mon corps que j'accepte de mieux en mieux tel qu'il est... Sans ouvrir les yeux, je m'assieds le plus confortablement possible... Je prends conscience des points d'appui de mon corps sur le siège... Ma respiration est abdominale et calme... Je me laisse complètement aller à la détente... Je sens mon corps... Je vis mon corps... J'essaie de me voir de l'extérieur... Je prends conscience de ma conscience enveloppante... Je me regarde de face... de profil... de dos... de l'autre profil... Je suis... J'existe... Je m'accepte... Pour bien prendre conscience de mon corps, je vais faire des exercices me permettant de bien en sentir les diverses parties... J'expire à fond... Puis j'inspire en remplissant les trois étages de mes poumons... Je garde l'air en moi et tends fortement la tête vers l'arrière... J'expire lentement en remettant la tête horizontale... Je recommence le même exercice en penchant la tête vers l'avant une fois mes poumons pleins... A l'expiration je reprends la position initiale... Je suis complètement conscient de ma tête. J'expire... J'inspire... Je tends le bras droit... J'expire tout en relaxant le bras... Je prends conscience de mon bras droit... Je fais le même exercice avec le bras gauche... puis avec les deux bras... Je prends ainsi entièrement conscience de mes deux bras... Je continue à faire le même exercice avec la jambe droite... puis la gauche... puis les deux... Je respire toujours à fond, tends le membre pendant que les poumons sont pleins et le relaxe avec l'expiration... Je prends conscience de la forme, du volume de mes jambes... J'inspire à fond, retiens mon souffle et tends tout mon corps à la fois de plus en plus fort... Je le relaxe complètement à l'expiration et prends conscience de son volume et de sa forme... Je l'accepte tel qu'il est... même si j'ai envie de le modifier... J'apprends à m'aimer tel que je suis... C'est un pas important vers la réalisation du bonheur... Je reste un instant tranquille en prenant de plus en plus conscience des messages qui viennent de l'intérieur... de mes muscles, de mes organes... Pendant un moment j'essaie de me projeter dans l'avenir et de me voir réussir quelque chose que je souhaite réaliser... Je vis cette situation *ici et maintenant* dans ma conscience... Mon exercice est terminé... Je me prépare à faire ma reprise... Je respire à fond... je bouge mes orteils, mes doigts, je fais des grimaces avec le visage... je m'étire à fond tout en respirant encore une fois et enfin j'ouvre doucement les yeux avec un sourire vers la vie.]

CHAPITRE XIII

Sophrologie et sensorialité

Nos organes des sens nous mettent en rapport avec le monde extérieur. Ce sont ceux qui nous renseignent sur notre environnement. Nous avons l'habitude de parler de nos cinq sens, l'odorat, le goût, la vue, l'ouïe et le toucher. Il existe cependant deux sens presque totalement ignorés, ce sont la proprioception et l'intéroception. Le premier transmet en permanence à notre cerveau l'état de tension de nos muscles, tendons et ligaments, alors que le second nous informe par la voie interne de l'état de fonctionnement de nos organes. Nous sommes presque complètement ignorants de leur existence et pourtant ils sont aussi importants, si ce n'est plus que les autres, même si nos cinq sens sont « sous-développés », particulièrement l'odorat et l'ouïe. Les animaux sont, pour la plupart, beaucoup plus sensoriels que nous. Pensez simplement à votre chien, capable de vous suivre à la trace...

Les exercices qui vont suivre ont pour but de vous permettre de mieux prendre conscience de vos organes des sens et d'en développer la finesse de perception. Nous commencerons par des exercices en relation avec les cinq sens, puis nous continuerons par des exercices vous permettant de mieux comprendre et sentir la proprioception et l'intéroception.

Exercice 1

Cet exercice est basé sur la relaxation dynamique II du professeur Caycedo. Il se pratique assis sur une chaise. Bien entendu, si pour des raisons majeures vous ne pouvez pas vous asseoir, vous pouvez le faire couché. Une cassette préalablement enregistrée est souhaitable.

[Une fois bien installé sur la chaise, je ferme les yeux et me relaxe progressivement, complètement de la tête aux pieds... Je peux, si je suis entraîné, faire mes signaux pour une détente immédiate... Je la renforce par une sophronisation de base... Je peux, avec ma conscience, me regarder du dehors et faire le tour de mon corps assis... Je me vois de face, de profil, de dos, de l'autre profil et de nouveau de face... Je médite maintenant sur le sens de l'odorat... Je sens l'air qui entre dans mon nez et réalise qu'il a une odeur... L'odeur n'est pas la même à l'inspiration qu'à l'expiration... Je médite sur ce processus extraordinaire qui me permet l'analyse des molécules qui passent à travers mon nez... J'imagine que j'ai devant mon nez une rose, dont je hume le parfum... J'en sens réellement l'odeur... Je peux aussi sentir du café ou toute autre odeur connue... Je médite pendant quelques instants sur le sens de l'odorat en gardant le silence mental... Je porte maintenant toute mon attention sur le sens du goût... localisé à la base de la langue... Je sens que l'air a aussi un goût... Il est différent à l'inspiration et à l'expiration... J'en prends conscience... Je goûte ma salive... Je médite sur la merveilleuse organisation de mon organisme capable d'analyser le goût de tout ce qui passe à la base de ma langue... J'imagine que je déguste quelque chose que j'aime bien... J'en sens le goût avec précision... Je médite quelques instants sur le sens du goût dans le silence mental... Je prends conscience de l'endroit où je me trouve et me prépare à ressortir de ma détente par les exercices que je connais... Je reste quelques instants tranquille avant de reprendre mes occupations.]

Exercice 2

Cet exercice peut suivre directement le précédent, si vous disposez d'assez de temps.

[Je m'installe confortablement assis, ferme les yeux et fais mes signaux habituels, renforcés par une sophronisation de base... Je place mes mains en coquilles autour de mes yeux en appuyant mes coudes sur les genoux... Je médite sur le sens de la vue... J'ai l'impression que l'air que je respire passe derrière mes globes oculaires, comme si mes yeux flottaient dans l'air... Je sens la forme de mes yeux... Je réalise combien il est merveilleux de pouvoir distinguer les formes et les couleurs... Je médite sur ce processus extraordinaire qui me permet de voir... Je peux même visualiser des paysages sans ouvrir les yeux... Pendant un moment je médite sur la vue... Doucement, je glisse mes mains sur mes oreilles... Je les pose comme des coquilles et me mets à entendre le bruit de la mer... Je suis admiratif devant ce phénomène extraordinaire dans sa complexité, qui me permet d'entendre... Un son transmis mécaniquement dans l'espace passe à travers les osselets de l'oreille moyenne qu'il fait vibrer, puis est transformé en énergie électrique dans l'oreille interne. Il est ensuite traité dans mon ordinateur cerveau pour être enregistré et compris... N'est-ce pas merveilleux ?... Je médite sur l'ouïe en écoutant tous les petits bruits qui viennent de l'extérieur... Mon exercice est terminé et je me prépare à ma sortie habituelle que j'effectue très lentement...]

Comme de coutume, je vous prie de rester une ou deux minutes tranquille avant de reprendre vos occupations.

Exercice 3

Vous pouvez enchaîner directement après les deux exercices précédents, si vous disposez d'assez de temps.

[Je procède de la même manière que dans les exercices précédents... Une fois bien détendu, je vais méditer sur le cinquième sens, le toucher... Pour le faire, je vais doucement poser mes mains sur la tête... Je sens à l'extrémité de mes doigts la texture de mes cheveux... Je prends conscience du sens du toucher... de ce processus merveilleux qui me permet de reconnaître ce que je touche... Partant de la tête, je vais toucher lentement tout mon corps en prenant conscience de la texture de tout ce que je touche... Le tissu de mes habits, mes poils, etc. Je prends en même temps conscience de mon corps, de sa forme et son volume... J'apprends à l'accepter, à l'aimer... Je pose mes mains sur le bord de la chaise et appuie fortement avec la pulpe de mes doigts... Je prends entièrement conscience du sens du toucher... je médite sur ce sens... Lorsque j'ai terminé, je fais lentement ma reprise habituelle...]

Exercice 4

Pour pratiquer cet exercice, vous pouvez vous asseoir ou vous coucher. Vous allez apprendre à nettoyer la maison de votre perception. L'exercice peut être interrompu après le « nettoyage » de chaque sens, selon le temps dont vous disposez.

[Une fois bien installé, je fais mes signaux habituels et renforce ma détente par une sophronisation de base. J'imagine que je me trouve devant une maison de forme particulière, pentagonale, dans une forêt. Il y a un étage supérieur, circulaire et complètement vitré... Au-dessus de l'entrée il est écrit : « Maison de mes sept sens »... Je connais cinq sens et me demande quels sont le sixième et le septième sens... Je pense que je vais le découvrir en entrant dans la maison... ce que je fais... A ma grande surprise, dans le hall d'entrée, il y a un matériel complet de nettoyage : aspirateur, balais, brosses, bidons, chiffons, serpillières, etc., et de nombreux produits de nettoyage : savons, poudres, cires etc. Il y a des escaliers qui mènent à l'étage et cinq portes. Sur chaque porte est écrit le nom d'un sens... Je devine alors que chaque salle va me mettre en rapport avec l'un de mes sens... J'ouvre la porte la plus proche, c'est celle de l'odorat... Je découvre dans cette pièce un désordre et une saleté indescriptibles... une vraie catastrophe... Je saisis alors combien mon sens de l'odorat est dégénéré et qu'il est temps de mieux le développer en faisant le ménage dans cette pièce... Je me mets à l'ouvrage en débarrassant l'amas de déchets et de vieux meubles que je transporte à l'extérieur, dans la clairière où je les brûlerai plus tard... Ensuite, je me mets à nettoyer à fond les vitres, puis le sol, jusqu'à ce que tout brille de propreté... Une fois le nettoyage terminé, je médite sur mon odorat et constate avec surprise qu'il s'est affiné... En effet, je sens mieux les odeurs... Je vais faire le même travail de nettoyage dans les autres pièces, il y a partout une saleté et un désordre indescriptibles... La seconde porte mène au goût, la troisième à la vue, la quatrième à l'ouïe et la dernière au toucher... Après le nettoyage de chaque pièce, je médite sur le sens concerné et découvre son amélioration, sa perception plus fine... Lorsque j'ai tout nettoyé, je vais brûler le grand tas que j'ai fait dans la clairière et, à mesure qu'il se consume, je constate une amélioration de mes perceptions sensorielles... Ceci étant fait, je vais aller voir ce qui se trouve à l'étage. Il n'y a que deux portes sur lesquelles est écrit : proprioception et intéroception... ce sont mes deux derniers sens, dont on ne m'avait jamais parlé... Je retrouve le même scénario de saleté qu'à l'étage inférieur et me mets tout de suite à nettoyer la chambre de la proprioception... je vide tout le vieux mobilier que je jette dans le feu, fais briller le sol et les vitres... Maintenant, la lumière du soleil entre et je commence à devenir plus conscient de mon sixième sens... Je sens mieux mon tonus musculaire, les messages de mes ligaments et de mes articulations... C'est cela, la proprioception... Désormais, je serai capable de sentir mes muscles et d'être conscient de leurs messages... je serai plus conscient du sens de la relaxation... Je sens ma musculature en ce moment qui se détend davantage... Je quitte cette pièce et me rends dans la seconde chambre de l'étage où se trouve l'intéroception... Le désordre est pire que partout ailleurs... Il y a une accumulation de saleté indescriptible... Ce nettoyage me demande plus de temps et d'efforts que celui des autres pièces... Je sais qu'après, toute ma maison des sens sera propre et nette, et cela m'encourage... A mesure que j'avance, je deviens plus conscient des messages qui me parviennent de mes organes internes... les vitres commencent à laisser passer la lumière... Plus la pièce s'éclaircit, plus je sens mon coeur battre, mon sang circuler et je deviens conscient de ma structure intérieure... de tout mon corps... de tous mes sens en éveil... A la suite de cette séance je percevrai le monde intérieur et extérieur différemment... J'aurai un meilleur contact avec moi-même et avec les autres... Mon exercice est terminé, le feu des déchets de la maison des sens est consumé... Je reviens à l'endroit où je m'entraîne... Je peux faire ma sortie très lentement comme je l'ai appris...]

Une fois les yeux ouverts, observez les changements dans la façon de percevoir le monde extérieur et intérieur. A chaque séance, vos sens s'affinent.

Exercice 5

Cet exercice a pour but de renforcer votre sensualité. Pour le faire, prenez dans votre main un fruit ou un morceau de tissu doux au toucher.

[Je m'installe confortablement couché et nu ou très légèrement vêtu... je ferme les yeux, fais mes signaux et renforce ma détente par une sophronisation de base. Lorsque je suis parfaitement détendu, je caresse mon objet qui se transforme en objet sensuel... Je trouve un réel plaisir à le caresser... Ensuite, je le passe doucement sur mon corps, c'est comme une main douce qui me caresse... Je prends un réel plaisir à ce contact sur ma peau, sur mon corps... je passe cet objet partout, il devient une réelle source de plaisir, de bien-être... presque de jouissance... Je continue ces caresses du corps tout le temps qu'elles me procurent du plaisir... Je peux arrêter les mouvements et apprécier l'instant dans mon corps qui devient plus sensible, plus sensuel... Je peux ensuite faire ma sortie à mon gré, et ouvrir les yeux avec un sourire vers la vie...]

CHAPITRE XIV

Exercices complémentaires divers

Exercice 1

Cet exercice est appelé par le professeur Caycedo « la sophro-tridimension externe ». Il est amusant à faire et me paraît intéressant.

[Mettez-vous assis devant une table sur laquelle vous posez un objet de votre choix. Il ne devrait rien y avoir d'autre. Fermez vos yeux et relaxez-vous par une sophronisation de base. Une fois parfaitement détendu, redressez-vous sur votre chaise, le dos bien droit, pas appuyé contre le dossier, posez vos mains croisées sur le bas-ventre, rentrez légèrement votre menton et ouvrez un peu les yeux, juste assez pour apercevoir l'objet... Regardez-le bien, observez-le dans tous ses détails... Essayez de revenir en arrière dans le temps et visualisez mentalement le passé de cet objet... Comment a-t-il été fabriqué, a quoi a-t-il servi avant d'arriver sur votre table ?... visualisez tout son passé... Puis, passez au présent... à quoi sert-il ?... qu'est-ce que vous pouvez faire avec lui ?... Puis enchaînez sur le futur... que va devenir cet objet dans l'avenir ? Comment va-t-il finir son existence ?... Regardez tout cela en détails dans votre conscience... Quand vous avez terminé, fermez vos yeux et asseyez-vous confortablement... pensez pendant quelques instants à l'histoire de cet objet... Ensuite, faites votre reprise.]

Exercice 2

Cet exercice est proposé par Ruth van Gessel. Il a pour but de mieux prendre conscience du cerveau et de le purifier.

[Mettez-vous debout et détendez-vous le mieux possible. Faites une respiration totale, ventre, thorax, épaules. Gardez les poumons pleins et faites des signes de tête comme pour dire « non »... Purifiez votre cerveau à l'expiration... Faites à nouveau une respiration totale et gardez l'air en pensant que vous l'envoyez dans vos lobes frontaux pendant que vous faites des signes de tête comme pour dire « oui »... expirez lentement en pensant que vous augmentez votre mémoire... Faites encore une respiration totale en faisant ensuite, poumons pleins, des rotations de la tête en pensant que vous purifiez les lobes pariétaux de votre cerveau... Enfin, après une respiration totale, fléchissez votre corps en mettant la tête le plus bas possible, poumons pleins, et laissez venir le sang dans le cerveau... Quand vous ne pouvez plus retenir l'air, expirez lentement en vous redressant... Restez quelques instants tranquille en pensant à votre cerveau.]

Exercice 3

Cette technique de Caycedo s'appelle la « sophromnésie programmée ».

[Asseyez-vous confortablement ou, si vous le préférez, couchez-vous. « Je me relaxe le plus profondément possible par une méthode que je connais... Sur mon écran mental je laisse venir une situation heureuse de mon enfance... Je l'observe dans tous ses détails... Je vais ensuite corporaliser cette image... Pour cela, j'expire, puis inspire à fond, retiens l'air, mets mes mains derrière la nuque et tends fortement mon corps vers l'arrière... J'expire lentement en relâchant la tension... Je revois ensuite la même situation avec plus de détails, comme si cela se passait maintenant... Je vois les gens aimés... Je sens les sensations de cette situation avec mes cinq sens... Je sens les odeurs, je sens le goût de ce que je mange, je vois tous les détails, j'entends les gens qui parlent et comprends ce qu'ils disent, je touche les choses autour de moi... Je m'imprègne de tout ce qui est positif dans cette situation... Je peux, si je le désire, prolonger cette séance en laissant venir d'autres souvenirs heureux... Ensuite je pourrai faire ma reprise habituelle. »]

Exercice 4

Couché confortablement, vous allez pratiquer une technique utilisant le symbole des couleurs. Chaque couleur a une résonance sur l'un des chakras, centres d'énergie situés le long de la colonne vertébrale. Le simple fait de visualiser une couleur sur son écran mental produit la stimulation d'une glande endocrine et en même temps d'autres fonctions.

[Je ferme les yeux et fais ma sophronisation de base... Je laisse ensuite venir sur mon écran mental la couleur rouge... Elle est liée à mon chakra racine... Il se trouve avant l'anus... Cette couleur stimule mon odorat... stimule mes glandes surrénales*... Elle m'apporte la confiance et la sécurité... Je remplace le rouge par l'orange, stimulant le second chakra au bas du dos... Cette couleur agit sur le sens du goût et me met en relation avec les sentiments de résistance, ainsi qu'avec le sexe... Elle stimule mes gonades*... Puis vient le jaune qui stimule mon troisième chakra, au niveau du nombril, ainsi que le sens de la vue... Il me donne un meilleur contrôle de moi et me permet de m'affirmer... Il stimule mon pancréas... Maintenant mon écran mental devient vert, couleur du quatrième chakra au niveau du coeur... Cette couleur stimule le toucher et améliore les relations avec autrui, ainsi que ma capacité d'amour... Elle stimule mon thymus... Vient ensuite le bleu correspondant au chakra du cou... il stimule le sens de l'ouïe et me rend plus réceptif aux autres... Il stimule la glande thyroïde... Je laisse venir l'indigo qui stimule ma perception extra-sensorielle et se trouve au centre du front... C'est l'agna, le troisième oeil des Orientaux, l'oeil de la connaissance... je prends davantage conscience de mon esprit... ma glande hypophyse* est stimulée... Enfin, je laisse venir la couleur violette, celle du chakra coronal au-dessus de ma tête... Je découvre ma lumière intérieure et acquiers le sentiment d'unité... Le violet stimule mon épiphyse*... Je reste quelques instants tranquille et, lorsque j'en aurai envie, je pourrai ressortir de ma détente.]

Glossaire

Acidose
Acidification du sang par manque d'oxygène.

Ajna ou Agna
Chakra* frontal considéré comme le troisième oeil. Il est situé au centre du front et correspond à l'épiphyse* comme glande endrocrine*.

Alcalose
Alcalinasation du sang due à un manque de gaz carbonique. Ce phénomène se produit lorsque l'on garde les poumons pleins en apnée*.

Algie
Douleur.

Ambulatoires (soins)
Soins donnés en milieu hospitalier sans y séjourner.

Anorexie mentale
Maladie dont le symptôme principal est un amaigrissement extrême par suite du refus de s'alimenter. Ce trouble touche surtout les jeunes filles. Son traitement et ses causes sont mal connus.

Anticorps
Protéine, du groupe des globulines, qui apparaît dans le sang quand une substance étrangère s'y trouve introduite, dite antigène*. L'anticorps est spécifique de l'antigène.

Antigène
Toute substance qui, produite ou introduite dans l'organisme, est susceptible d'y provoquer la formation d'anticorps. Les bactéries, microbes, virus, cellules cancéreuses, ainsi que les organes greffés sont porteurs d'antigènes, qui vont provoquer la formation d'anticorps. C'est la base de la défense immunitaire.

Anxiogène
Qui crée l'angoisse.

Apnée
Rétention d'air sans respirer.

Atypiques (cellules)
Qui ne correspondent pas à la norme.

Autopunition
Comportement morbide par lequel un sujet cherche inconsciemment à se punir lui-même pour se délivrer d'un complexe de culpabilité.

Bioénergie
Technique thérapeutique corporelle élaborée par le Dr A. Lowen et dérivée de la végétothérapie de W. Reich.

Boulimie
Sensation de faim excessive poussant à une consommation exagérée d'aliments. Les boulimiques se font souvent vomir après avoir mangé. L'anorexie* conduit parfois à la boulimie.

Bradycardie
Rythme cardiaque trop lent.

Capillaire
Fin comme un cheveu. Vaisseaux sanguins qui joignent les dernières ramifications des artères aux premières veines.

Catécholamines
Neuromédiateurs dont font partie la noradrénaline et la dopamine. En cas de stress, la concentration en catécholamines est augmentée dans le sang. La fumée (nicotine) détruit ces produits, d'où perte de la mémoire et de la concentration.

Chakras
Centres d'énergie cosmique situés le long de la colonne vertébrale. Il y en a sept. Ces centres sont décrits dans toutes les philosophies indiennes.

Clitoris
Petit organe érectile situé en avant de la vulve. C'est l'homologue chez la femme du gland du pénis chez l'homme. Il est le siège d'une partie des sensations voluptueuses. Bien des femmes n'atteignent l'orgasme que par cet organe.

Commissure
Faisceau ou masse de substance nerveuse faisant communiquer directement deux parties symétriques des centres nerveux encéphaliques.

Corps calleux
Commissure* principale joignant les deux hémisphères cérébraux.

Cortex (cérébral)
Partie externe du cerveau contenant des neurones (cellules pyramidales) répartis en trois couches. Le cortex est responsable de toutes les sensations, de la motricité, de la parole et joue un rôle dans tous les processus psychiques ainsi que dans l'intelligence... On parle de matière grise.

Cri primal
Thérapie mise au point aux Etats-Unis par le Dr Janov, qui consiste à faire régresser le patient au moment de sa naissance.

Diencéphale
Zone du cerveau située à la base de celui-ci, à proximité du troisième ventricule, siège de nombreux centres de la vie végétative et du psychisme. C'est lui qui gère les fonctions internes automatiques (respiration, digestion, etc.).

Ectoderme
Feuillet externe de la gastrula chez l'embryon. Ce feuillet donne naissance au système nerveux, aux organes des sens, à l'épiderme et à ses dérivés.

Electroencéphalogramme
Enregistrement graphique de l'activité électrique du cerveau.

Emphysème
Gonflement produit par l'introduction d'air ou le développement d'un gaz dans le tissu cellulaire. L'emphysème pulmonaire est une dilatation anormale des alvéoles et des lobules pulmonaires pouvant aller jusqu'à la rupture.

Epiphyse
Glande à sécrétion interne* située sous le cerveau, appelée aussi glande pinéale. Sa fonction a été longtemps méconnue. Actuellement, nous savons qu'elle sécrète la mélatonine, hormone essentielle dans la régulation de tout le système endocrinien. Elle correspond à ce que les Orientaux nomment le troisième oeil ou chakras* frontal (ajna*).

Glandes à sécrétion interne
Cf. glandes endocrines.

Glandes endocrines
Glandes à sécrétion interne responsables de la production des hormones. Les principales sont : l'hypothalamus*, l'épiphyse*, l'hypophyse*, la thyroïde*, les parathyroïdes, le pancréas, les surrénales*, les gonades*. Les hormones passent directement de la glande dans le sang.

Glandes surrénales
Glandes endocrines situées au dessus des reins. Elles se divisent en médullo-surrénales, responsables de la sécrétion d'adrénaline, et en corticosurrénales, responsables de la sécrétion des hormones corticoïdes (cortisone).

Globules blancs
Cellules du sang responsables particulièrement de la défense immunologique, de la protection vis-à-vis des agresseurs, tels que microbes, virus, bactéries, cellules cancéreuses, champignons.

Gonades
Glandes sexuelles de la femme (ovaires).

Hara
Centre d'énergie vitale essentiel situé dans le bas-ventre.

Hémopathie
Maladie du sang.

Hémorragie cérébrale
Saignement au niveau du cerveau se produisant le plus souvent à la suite d'une rupture de vaisseau. Les causes sont variées. La plus fréquente est l'artériosclérose. Les suites peuvent être insignifiantes ou mortelles selon l'ampleur de l'hémorragie.

Hypophyse
Glande endocrine* située sous la face inférieure du cerveau et jouant un rôle prédominant dans les phénomènes physiologiques. Elle est constituée de trois lobes. Le lobe postérieur est de structure nerveuse. Il est relié au diencéphale* (hypothalamus*).

Hypothalamus
Région du diencéphale* située au-dessus de l'hypophyse*. C'est le siège de centres supérieurs du système neurovégé-

tatif*, intervenant notamment dans le sommeil, les émotions, la mémoire et dans la régulation des glandes endocrines*.

Hystérectomie
Partielle : ablation chirurgicale de l'utérus. Totale : si l'on procède aussi à l'ablation des ovaires.

Ilots de Langerhans
Ilots cellulaires répartis dans tout le pancréas, responsables de la sécrétion d'insuline, hormone régulatrice du taux de sucre dans le sang. Son insuffisance fonctionnelle est la source du diabète.

Identification
Mécanisme psychique par lequel un individu se confond avec une autre personne, souvent ses parents.

Infarctus du myocarde
Mort d'une partie du coeur suite à l'obstruction d'un vaisseau sanguin nourricier. La gravité varie selon le diamètre de la partie mortifiée. La cause en est l'artériosclérose. Certains infarctus peuvent être microscopiques et passer inaperçus, d'autres peuvent être massifs et mortels.

Inhibition
Diminution ou arrêt des fonctions d'un organe, par action du système nerveux.

Inhibition corticale totale
Arrêt momentané des fonctions du cortex* cérébral. La personne n'est plus capable d'interpréter consciemment les messages des organes des sens. Les informations non censurées par le cortex sont transmises directement au diencéphale*, zone inconsciente.

Insulino-dépendant
Qui ne peut pas se passer d'insuline injectée pour régler le taux de sucre dans le sang.

Kundalini
Centre d'énergie cosmique décrit par les Indiens, situé en avant de l'anus. Il correspond au premier chakra*, le chakra racine.

LDL
Low Density Lipoprotein. C'est ce que l'on appelle, en langage courant, le cholestérol. Il est en partie la cause de l'artériosclérose.

Libido
Pour Freud, forme de l'énergie vitale qui est à l'origine des manifestations de l'instinct sexuel. Pour Jung, la libido représente la puissance de vie toute entière et fournit la base de toute explication de nos actes, normaux et morbides.

Libido animique
Energie psychique venant de l'animus-anima. Selon Jung, l'animus représente en gros le masculin psychique chez la femme, l'anima le féminin dans l'homme.

Lymphome
Développement excessif d'un territoire lymphoïde aboutissant à la formation d'une tumeur.

Macrocosme
Univers hors du corps humain.

Maladie fonctionnelle
Maladie de civilisation dont la cause est psychologique, mais qui peut provoquer des troubles organiques. Il existe 3 catégories de maladies fonctionnelles :

1. Les névroses (phobies, angoisses, dépressions etc.).
2. Les maladies psychogéniques (insomnies, migraines, etc.).
3. Les maladies psychosomatiques (asthme, maladies de la peau, ulcères, etc.).

Ces maladies représentent au moins 80 à 90% des maladies

actuelles. Leur traitement par les médicaments ne peut être que palliatif. La sophrothérapie en est un moyen de traitement efficace.

Manque d'amour

Notre société de consommation souffre de manque d'amour. Le résultat peut en être catastrophique :

a) inhibition affective avec une difficulté de communication sans agressivité. Cela produit des problèmes d'accès à la jouissance amoureuse profonde nécessaire à la santé et à la joie d'exister;
b) source de la structure délirante de l'homme contemporain;
c) mécanismes de compensation pathologique : alcool, drogues, télévisiomanie, clubs de vacances superorganisés...
d) perte du sentiment d'identité. Notre société crée en série des individus qui acceptent de se conformer au modèle en vigueur;
e) régression de l'homme contemporain. Bloqué à des phases archaïques pré-oedipiennes de son développement, il devient incapable de maîtriser un destin contrôlé par la puissance technologique. Il devient par ce fait robotisé et irresponsable.

Mantra

Mot sanscrit signifiant « formule ». C'est une phrase répétée mentalement en association avec la respiration. Exemple : Ham Sha (je suis cela).

Métastase

Migration de cellules tumorales hors de la tumeur originelle.

Médullo-surrénales

Parties de glandes à sécrétion interne* situées au-dessus des reins, responsables de la sécrétion d'adrénaline, un des régulateurs de la tension sanguine. Elles libèrent leurs réserves en situation de stress, d'où augmentation de la tension sanguine, du rythme cardiaque et respiratoire, du tonus musculaire et augmentation du sucre dans le sang.

Microcosme
Corps de l'être humain.

Mitose
Division de la cellule.

Musculature cardiaque
Muscle du coeur qui a une structure particulière. Il contient une auto-innervation automatique qui permet au coeur de battre même séparé du corps, pour autant qu'il soit placé dans une solution physiologique. Le coeur d'une grenouille bat seul pendant plusieurs jours dans ces conditions.

Musculature lisse
Musculature qui entoure tous les organes creux et qui fonctionne automatiquement sans contrôle de la volonté. Exemples : muscles des vaisseaux sanguins, de la vessie, de l'utérus, du tube digestif, etc. Leur innervation est assurée par le système neurovégétatif.

Musculature striée
Muscles reliés aux os et pouvant être contrôlés par la volonté. Ils dépendent du système nerveux cérébro-spinal.

Névrose d'angoisse
Maladie fonctionnelle se manifestant par des tensions violentes internes variables, empêchant une vie normale.

Noeud de Hartmann
Points de croisement dans le sol des champs magnétiques terrestres.

Oncologue
Spécialiste du traitement du cancer.

Orthostatique
Position debout du corps en équilibre stable.

Périnée
Zone anatomique entre le sexe et l'anus.

Peur de la sexualité
Elle a des causes multiples en relation soit avec la non-acceptation de son propre sexe, soit avec le refus du sexe de l'autre. Les autres causes sont liées à des problèmes parentaux ou à des mauvaises expériences dans le passé.

Phallus
Verge, pénis.

Phase anale
Phase du développement psychologique sexuel décrite par Freud. Elle se produit après la phase narcissique et orale*. L'enfant trouve son plaisir sexuel par l'anus.

Phase orale
Phase de développement psychologique sexuel décrite par Freud. L'enfant trouve son plaisir sexuel par la bouche à travers la prise de nourriture.

Piranhas
Poissons extrêmement voraces de l'Amazone.

Prana (Ki-Tchi)
Energie vitale décrite par les Orientaux se trouvant dans la nourriture et dans l'air. Ce dernier pénètre dans le corps uniquement par la respiration nasale.

Rebirth ou rebirthing
Technique thérapeutique mise au point par Leonard Orr aux Etats-Unis. Par une respiration forcée et rythmée l'individu régresse et peut revivre sa naissance.

Réflexe conditionné
Réflexe appris et utilisé en sophrologie. On cherche souvent à créer des réflexes conditionnés en thérapie. Par exemple, on peut apprendre à un patient à ouvrir ses bronches avec un signal répété (serrer les doigts), etc.

Rythme électroencéphalographique
Le cerveau émet des ondes électriques qui varient avec l'état de conscience :
— ondes alpha pour l'état de veille;
— ondes bêta pour la veille attentive;
— ondes delta pour le sommeil.

Scanner
Système radiographique qui permet de réaliser une image précise en «tranche» de l'organisme

Schéma corporel
Image intérieure que chacun se fait de son propre corps. Il existe dans le cerveau un centre du schéma corporel.

Sclérose en plaques
Maladie auto-immune caractérisée par la destruction progressive des gaines du myéline des nerfs. Cette maladie frappe les adultes jeunes. Elle évolue par des poussées de troubles qui ont une nette tendance à la progression. Leur répétition finit souvent par provoquer des désordres graves (paralysies, troubles de la vision, etc.).

Sérotonine
Nom usuel de la 5 hydroxy-tryptamine, substance hormonale sécrétée essentiellement par les cellules chromaffines de l'intestin et par divers tissus. Elle est douée d'une activité vasoconstrictrice et est médiatrice du sommeil.

Sphère génitale
Région anatomique constituée par le sexe, le périnée* et l'anus.

STB, sophrotraining de base
Technique de relaxation non suggestive axée sur le développement de la pensée positive, mise au point par l'auteur.

Système diencéphalique
Ensemble des parties du cerveau, responsable du système neurovégétatif (fonctions automatiques).

Système endocrinien
Système comprenant l'ensemble des glandes endocrines*. En réalité, le cerveau, le système endocrinien et le système immunitaire* sont un seul et même système et sont trop souvent considérés séparément en thérapie.

Système hormonal
Synonyme du système endocrinien*.

Système immunologique ou immunitaire
Ensemble du mécanisme de défense de l'organisme. C'est un mécanisme complexe incluant le système lymphatique et ses ganglions, la moelle osseuse et tout le système lymphocytaire.

Système neurovégétatif
Le système nerveux humain est divisé en système cérébro-spinal, commandé par la volonté, et en système neurovégétatif, commandé par le diencéphale* et non soumis à notre volonté. Par un entraînement spécial sophrologique il est possible de contrôler partiellement ce système.

Tachycardie
Accélération du rythme cardiaque.

Technique de focalisation
Technique de la sophrologie où le patient en état sophronique devient capable d'agir directement sur la fonction d'un organe en le stimulant ou en l'inhibant.

TRAM
Training-autogène modifié. Technique de relaxation créée par le Dr A. Dumont et l'auteur en 1968, basée sur la méthode du training-autogène de Schultz et complétée par des exercices debout et assis.

Thymus
Glande endocrine* située sous le sternum au milieu du thorax. Son rôle le plus connu est la sécrétion d'une hormone de croissance. Elle s'atrophie dès l'âge adulte, mais continue à jouer un rôle, très souvent méconnu, dans la régulation de la défense immunitaire. Elle assure la maturation des lymphocytes T4 essentiels dans la lutte contre les infections et le cancer. Cette glande est la première touchée par le stress qui inhibe sa fonction.

Thyroxine
Hormone sécrétée par la glande thyroïde.

Utilisation symptomatique
Utilisé dans le but de supprimer un symptôme sans se préoccuper de sa cause. La plupart des médicaments utilisés pour soigner les troubles fonctionnels* suppriment les maladies seulement pour un temps, car la cause n'a pas été enrayée.

Végétothérapie
Méthode thérapeutique mise au point par Wilhelm Reich et reprise par A. Lowen sous le nom de bioénergie*.

Vésicules séminales
Petites poches gardant en réserve, chez l'homme, le sperme. Leur contraction produit l'éjaculation.

Annexe

(extrait de VAINCRE PAR LA SOPHROLOGIE)

LA RESPIRATION

La Sophrologie donne une grande importance à la respiration. Respirez une fois profondément et observez la manière dont l'air pénètre vos poumons. Je parierais que vous respirez mal, ce qui est d'ailleurs le cas de la majorité de nos congénères. Inhalez-vous l'air avec votre poitrine ou juste au niveau des épaules ? Si vous respirez ainsi, cela montre que vous êtes stressé et capable seulement de vous maintenir en vie, et certainement pas de jouir d'une bonne santé.

Une mauvaise respiration est la porte ouverte à toutes sortes de désordres organiques. Il faut donc absolument changer votre manière de respirer :

- Debout, appliquez votre main sur votre abdomen. Puis expirez en chassant le plus d'air possible, encore. . . encore . . .

Pour inspirer, poussez votre main à l'aide de l'abdomen et observez comment l'air peut ainsi envahir la partie basse de vos poumons, le ventre se gonfle comme un ballon. . .

Pour expirer, contrôlez avec votre main que l'abdomen se vide complètement et devient tout à fait plat.

Faites ainsi régulièrement, plusieurs inspirations et expirations avec le va-et-vient de votre main sur le ventre.

Cette façon de respirer est celle d'une personne saine. Vous pouvez le contrôler très souvent et, lorsque cela sera devenu automatique, vous constaterez que cela peut changer votre vie. Pour cela, il faut vous déconditionner par rapport à votre ancienne respiration et ne plus respirer que par le ventre. Peu à peu, vous créez un automatisme, qu'il faudra encore contrôler de temps en temps.

Si vous avez un bébé ou un animal près de vous, observez attentivement leur manière de respirer. Sauf s'ils sont névrosés, ils le font toujours avec leur abdomen. Qu'il s'agisse soit des bébés, soit des indiens non civilisés de l'Amazonie ou encore des animaux, on doit constater que tous n'utilisent que leur abdomen, le reste des poumons n'étant sollicité que pendant l'effort. Leur diaphragme monte à l'expiration et s'abaisse à l'inspiration, occasionnant ainsi un massage profond des organes internes et une bonne circulation sanguine dans tout l'abdomen.

A propos, savez-vous que le diaphragme est le muscle respiratoire qui sépare le thorax de l'abdomen ? Si vous êtes continuellement sous tension, il est le plus souvent paralysé et il en résulte des désordres organiques tels que : constipation - problèmes génitaux - insuffisances biliaires et hépatiques - etc.

Alors n'oubliez pas : RESPIREZ ABDOMINALEMENT, cela peut nettement améliorer votre santé.

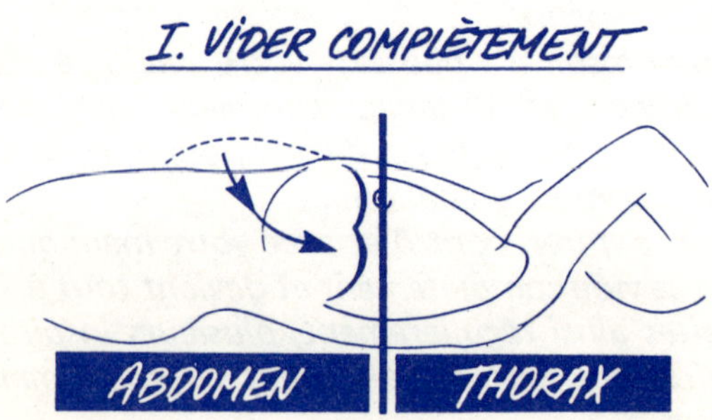

II. INSPIRER 1+2+3

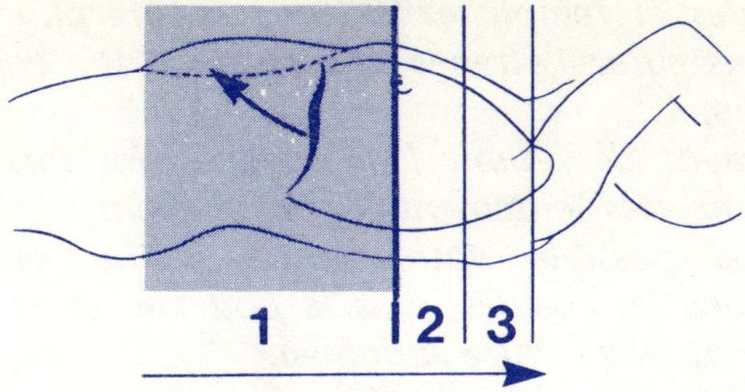

III. EXPIRER COMPLÈTEMENT

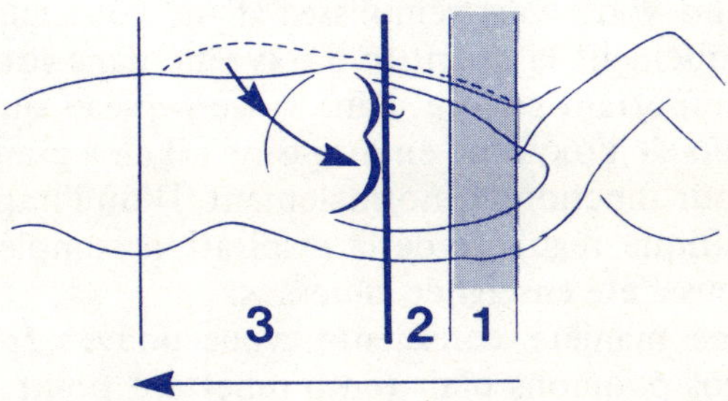

Après avoir examiné le schéma, nous apprendrons un autre exercice respiratoire et comment utiliser complètement nos poumons.

- Veuillez vous allonger sur le dos et poser une main sur votre abdomen. Expirez à fond... Videz vos poumons...

Puis inspirez lentement par le nez, en emplissant en premier l'abdomen qui doit pousser votre main... Lorsque vous sentez que votre ventre est plein d'air, essayez d'inhaler encore de l'air dans votre poitrine, en laissant le ventre dehors. Ensuite, soulevez vos épaules et remplissez-les avec encore plus d'air...

Vous aurez l'étrange impression d'être comme un ballon.

Essayez de retenir l'air quelques instants... puis expirez très lentement, en maintenant le plus longtemps possible votre ventre gonflé, en vidant d'abord les épaules, puis la poitrine, et enfin «last but not least» votre abdomen.

Pratiquez cet exercice régulièrement, n'importe quand, n'importe où. Si vous le faites souvent, il améliorera votre rendement physique et psychique.

Quand vous vous remplissez d'air, vous augmentez automatiquement la quantité d'oxygène dans votre corps et, plus important encore, dans votre cerveau qui consume un tiers de l'oxygène emmagasiné ; il en a grandement besoin pour fonctionner normalement. D'où l'importance d'une pratique régulière de la respiration complète, telle qu'elle vous a été enseignée ci-dessus.

D'une manière consciente, vous pouvez également remplir vos poumons d'air (en n'omettant point de commencer par le ventre) chaque fois que l'occasion s'en présente, par exemple dans votre voiture, à un feu rouge, ou en regardant les vitrines durant le trajet pour vous rendre au travail, ou encore dans une file d'attente à la poste ou dans un magasin, etc. Cette pratique de la respiration complète, sur une base régulière, va augmenter votre force et votre faculté de concentration et de mémorisation. C'est facile et ne vous coûte rien.

En résumé, souvenez-vous :

-Videz à fond vos poumons, puis inspirez en gonflant l'abdomen, la poitrine et les épaules. Retenez l'air quelques secondes, et ensuite expirez très doucement, les épaules en premier, puis la poitrine, puis le ventre.

Pour augmenter la concentration cérébrale, vous pouvez bouger lentement votre tête, comme pour dire non, lorsque vos poumons sont pleins.

- Restez là où vous êtes, que vous soyez couché, assis ou debout. Fermez les yeux et décontractez complètement votre visage, vos yeux, votre nez, votre menton et votre bouche en décollant la langue du palais... Relaxez vos épaules et respirez doucement et profondément avec votre abdomen... Ensuite, essayez d'accélérer votre respiration : inspirez... expirez... plus vite... encore... inspirez.. expirez...

Puis respirez normalement et imaginez que vous allez réussir tout ce que vous entreprendrez aujourd'hui, ou, si vous le préférez, dans un proche avenir.

Une fois bien relaxé, vous entrez en communication avec votre *inconscient.*

Au moment où vous respirez plus profondément, votre corps transporte davantage d'oxygène en direction de votre cerveau et, par voie de conséquence, plus de «prâna», d'énergie vitale.

Relaxé, et avec une plus forte charge d'énergie dans votre cerveau, *votre imagination se focalise* sur une réussite qui pénètre votre inconscient et influence votre avenir.

C'est la raison pour laquelle vous devriez prendre l'habitude, chaque soir ou chaque matin, d'imaginer positivement vos activités quotidiennes.

Cet exercice va vous enseigner comment respirer pour stimuler les fonctions digestives :

- Couché, les yeux clos, expirez... videz complètement vos poumons... Maintenant, inspirez en rem-

plissant en premier votre estomac, puis votre thorax, et enfin vos épaules. . . Ensuite, vous expirez lentement et complètement : d'abord les épaules, puis le thorax, et enfin l'abdomen. . .

Lorsque vos poumons sont complètement vidés et avant la respiration suivante, prenez vos chevilles avec les mains en arquant votre corps vers le haut, le contact avec le sol n'étant assuré que par les pieds, les épaules et la tête.

Dans cette posture, toujours poumons vides, vous remuez votre ventre - en dedans - en dehors - jusqu'à ce que vous ne puissiez plus résister et deviez absolument reprendre votre souffle. N'allez pas au dessus de vos possibilités et reprenez votresouffle lentement.

Recouchez-vous alors normalement et respirez à votre rythme. Répétez cet exercice trois fois.

Ce mouvement - ventre dedans - ventre dehors - est très efficace pour guérir la constipation.

De nos jours, les constipés sont légion. La cause principale est une expiration trop réduite. Si vous commencez à respirer par le ventre et que vous pratiquez régulièrement l'exercice démontré ci-dessus, vous allez immanquablement améliorer votre circulation sanguine, laquelle, à son tour, va stimuler tous vos organes internes, même les organes génitaux.

Il est bien clair que, si vous n'évacuez pas de façon régulière, vous augmentez les toxines dans le sang, ce qui crée une situation de stress dans votre corps.

Pour votre orientation, un homme sain devrait aller à selles après chaque repas.

Voici un exercice de relaxation dynamique, premier degré, selon la méthode du Docteur A. Caycedo.

- Tenez-vous confortablement debout, en position orthostatique, les pieds légèrement écartés, les genoux légèrement fléchis, et fermez les yeux. Relaxez votre

visage, vos yeux, vos épaules, votre abdomen. . . Respirez lentement et profondément avec votre ventre. . . Soyez parfaitement conscient de votre position : tête vers le ciel et pieds bien sur terre, la position d'un être sain. . . Expirez à fond, puis inspirez d'abord avec l'abdomen, ensuite avec le thorax et les épaules. . . En retenant votre souffle, posez vos doigts sur le front et bouchez vos narines à l'aide des pouces. Penchez-vous en avant à partir du bassin en retenant toujours la respiration aussi longtemps que cela vous sera possible. . . Quand vous ne tiendrez plus, laissez le souffle littéralement «exploser» de votre nez, en d'autres termes, chassez violemment l'air en écartant les bras.

Répétez cet exercice trois fois, en vous concentrant sur ce que vous ressentez, en étant attentif pleinement à «l'ici et maintenant», et à toutes vos sensations.

Lorsque vous avez terminé, bougez vos orteils, vos doigts, étirez-vous copieusement, et ouvrez les yeux.

Le simple fait de vider vos poumons par le nez de cette manière explosive provoque des vibrations au niveau de la muqueuse nasale ; votre nez contient de nombreux nerfs et cette vibration crée de très importants réflexes, qui agissent directement au niveau du cerveau par l'intermédiaire des douze nerfs crâniens.

De plus, vous pouvez améliorer votre vue et votre ouïe avec une pratique régulière de cet exercice. Vous allez même améliorer votre digestion par les réflexes qui touchent le nerf pneumogastrique.

N'oubliez pas surtout, lorsque vos poumons sont complètement pleins d'air, de bloquer vos narines avec vos pouces, de vous pencher en avant et de laisser l'air «exploser» hors de vos narines.

Après cet exercice, pendant la phase dite de «récupération», essayez de devenir le plus possible conscient des messages qui viennent de l'extérieur. C'est un moyen de vous familiariser avec la proprioception, c'est-à-dire les messages qui viennent de vos fibres musculaires, ainsi que l'interoception, soit les messages qui viennent de vos organes.

L'intero- et la proprioception informent à chaque instant le cerveau sur l'état du corps.

- Mettez-vous en position orthostatique, pieds écartés et genoux légèrement fléchis. Fermez les yeux. Détendez le visage, les épaules, l'abdomen. . . Respirez lentement par le ventre . . . Installez-vous bien dans votre peau, debout entre ciel et terre. . . Permettez à l'énergie de circuler librement à travers votre corps. . . Expirez complètement, puis inspirez en remplissant vos poumons à fond - abdomen, poitrine, épaules - et maintenez vos poumons pleins, bouchez vos oreilles avec les pouces, avec vos index, pressez sur vos paupières pendant que vous obturez vos narines avec vos medius. Inclinez-vous en avant. . . Lorsque vous ne pouvez plus retenir votre respiration, jetez brusquement vos mains en avant et rejetez l'air très rapidement par vos narines.

Répétez cet excercice trois fois, en observant attentivement quelles sont vos sensations. Après cela, vous pouvez émerger lentement de votre relaxation en remuant les orteils, les mains, en vous étirant et en inspirant - expirant profondément et, enfin, en ouvrant les yeux.

Les nerfs tapissant les muqueuses du nez sont une ramification du nerf trijumeau. Ce nerf est, comme nous l'avons déjà expliqué, connecté à tous les autres nerfs crâniens. Par conséquent, en faisant «vibrer» les muqueuses du nez, par une expiration explosive, il se crée automatiquement d'importants réflexes sur tous ces nerfs.

Si vous pratiquez les deux précédents exercices de Relaxation Dynamique avec constance (et conscience), les réflexes centraux vont agir tant sur le plan mental que physique, dans la direction d'une équilibration fonctionnelle. Conséquence logique, vous serez mieux «au fait» de vous-même, de vos sensations et de votre vécu intérieur. Vous apprendrez peu à peu à mieux vous accepter.

L'acceptation de soi, voire un peu d'amour pour ce que l'on est, n'a rien à voir avec le narcissisme, mais permet de mieux comprendre et accepter les autres.

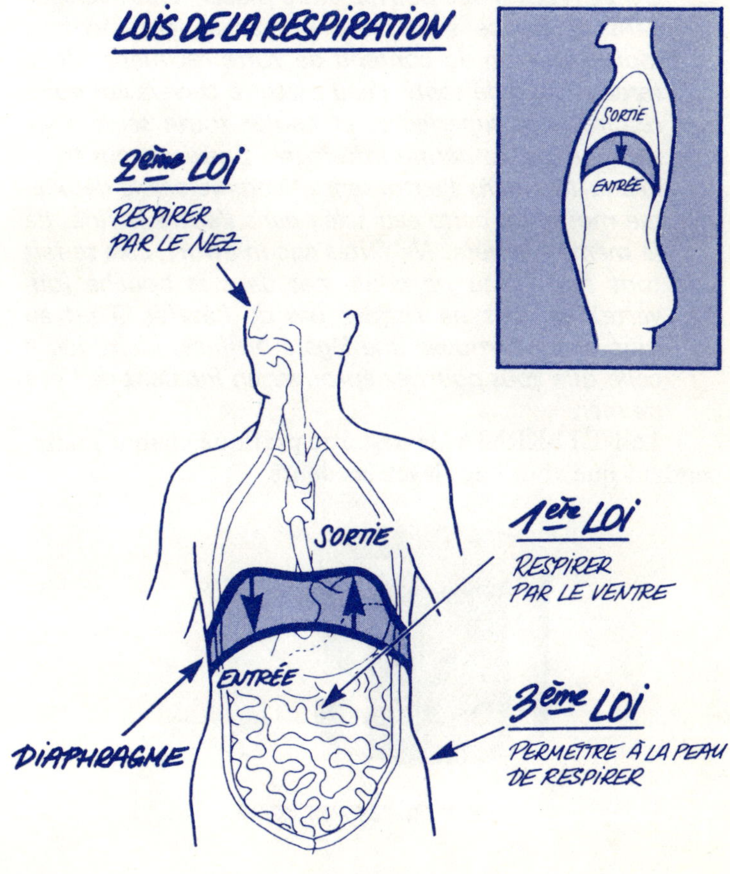

Je vais tenter de vous décrire le «NETI-KRYIA», une méthode pour nettoyer, «purifier» le nez et les sinus. Il faut vous procurer un petit récipient muni d'un bec-verseur, à défaut, d'une petite théière.

- Remplissez celui-ci d'eau tiède dans laquelle vous ajoutez un peu de sel fin, environ 9 g/l, mais vous trouverez vous-même la proportion juste et qui vous conviendra après quelques essais préliminaires. Devant un lavabo, vous inclinez la tête d'un côté et vous respirez doucement par LA BOUCHE OUVERTE. Vous pouvez alors placer le bec-verseur dans la narine supérieure et verser lentement la moitié environ du contenu de votre récipient. Vous serez surpris de sentir l'eau passer à travers vos voies respiratoires supérieures et couler toute seule pour ressortir par la narine inférieure. Ensuite, vous tournez la tête dans l'autre sens et vous versez la deuxième moitié de cette eau salée dans l'autre narine, de la même manière. Ne faites aucun effort, cela se fait tout seul, l'eau ne coule pas dans la bouche (ouverte) et vous ne risquez pas de l'avaler. Tout au plus, vous éprouvez une légère brûlure, identique à celle que vous pourriez éprouver en inhalant de l'eau de mer.

Le NETI-KRYIA devrait être pratiqué chaque matin, pendant que vous vous lavez les dents.

KAFA POUR LE NETI KRYIA

Une pratique suivie du Neti-Kryia devrait éliminer toutes les mucosités se trouvant dans le nez et les sinus. Cette méthode, qui nous vient de l'Inde ancestrale est assurément le meilleur moyen de prévenir les rhumes et les sinusites.

Par ailleurs, l'eau coulant le long des canaux du nez crée un important réflexe central qui stimule les nerfs optiques et acoustiques également.

Il vaut vraiment la peine de le pratiquer sérieusement car, tout en améliorant la vue et l'ouïe, cette méthode augmente considérablement le pouvoir de concentration. J'ai connu des personnes qui n'ont plus besoin de leurs lunettes, grâce à cette pratique bénéfique.

En Sophrologie, avant de pratiquer la R.D. (relaxation dynamique), nous avons coutume de recourir au Neti-Kryia.

Pour votre orientation, il existe des récipients, nommés «KAFA», spécialement adaptés à cet usage (voir illustration). APRES L'EXERCICE, NE VOUS MOUCHEZ PAS, SOUFFLEZ SIMPLEMENT VIVEMENT PAR VOTRE NEZ SUR LE LAVABO, tête fléchie vers le haut, puis vers le bas, et enfin tournée à gauche puis à droite.

- Debout, dans une position aussi confortable que possible, vous fermez les yeux et relaxez votre visage, vos yeux, vos joues, vos lèvres et votre menton... Vous détendez également les muscles de la nuque et des épaules, du thorax et de l'abdomen. Ensuite, expirez, videz vos poumons le plus possible... En inspirant, vous emplissez d'abord le ventre, puis le thorax et enfin les épaules... Lorsque vos poumons sont pleins, retenez cet air, surtout ne respirez pas. Serrez les poings, les bras le long du corps, et remuez rapidement vos épaules de bas en haut. Simultanément, tournez lentement la tête de droite à gauche et inversement, comme si vous vouliez dire non...

Quand vous êtes fatigué et que vous ne pouvez plus retenir votre respiration, arrêtez les mouvements et expirez très rapidement tout l'air de vos poumons par le nez.

Décontractez-vous quelques secondes en restant à l'écoute de votre corps... Faites cet exercice trois fois, en observant toutes vos sensations... Ensuite, vous allez penser en vous-même qu'un beau jour se prépare et que tout va marcher «du tonnerre»... Alors vous pouvez remuer les orteils, serrez les poings, inspirez et expirer profondément, et ouvrir les yeux.

Cet exercice permet une saturation du sang en oxygène et une augmentation du volume sanguin dans le cerveau. Il fait partie de la Relaxation Dynamique, premier degré, et ses origines proviennent de la technique indienne du Raja-Yoga. Une pratique suivie améliorera progressivement votre concentration et votre mémoire. L'activité cérébrale s'en trouvera stimulée et vous serez à même de ressentir vos sensations et de vivre votre corps. «Connais-toi toi-même» disait Socrate 500 ans avant Jésus-Christ.

C'est aussi le but profond de la Sophrologie, enseigner des méthodes pour mieux «se connaître soi-même», maîtriser ses émotions et son corps.

- Étendu confortablement, les yeux clos, vous décontractez votre visage, vos épaules, vos bras, vous relaxez votre poitrine et votre abdomen, vous décrispez vos lèvres... Laissez votre corps peser de tout son poids sur le sol ou sur le lit... Maintenant, concentrez-vous uniquement sur votre respiration, ceci sans recourir à la volonté... Peu à peu, vous éprouverez cette sensation unique que l'air pénètre jusqu'aux confins de votre corps... Vous respirez non seulement avec vos poumons, mais avec votre corps tout entier... Vous devenez vous-même respiration...

Rien que respiration... Chaque pore de votre corps respire et vous vous dites en vous-même : Je suis ma respiration - je deviens l'air que je respire.

Faites cela aussi longemps que vous en avez envie. A la fin, remuez les orteils, serrez les poings, étirez très loin les bras et les jambes, inspirez et expirez profondément et ouvrez les yeux. Etes-vous bien ?

Lorsque vous exécutez l'acte de respiration vous utilisez vos poumons mais, en réalité, la portée de cet acte, simple en soi, peut mener beaucoup plus loin.

Pendant l'inspiration, vous êtes en contact direct avec le cosmos. En même temps que de l'oxygène, vous inhalez une quantité d'électrons de mémoire cosmique, ainsi qu'une énergie vitale, nommée en Inde : «PRANA», au Japon : «KI» et en Chine : «TCHI». Cette energie, en grande partie, prend la direction des poumons, bien sûr, mais elle passe d'abord par le nez.

On devrait toujours *respirer par le nez,* toute autre respiration devant être l'exception qui confirme la règle. Une fois que l'air a pénétré èn tourbillonnant dans les poumons, l'oxygène et d'autres gaz tels que néon, xénon et azote vont rejoindre le flux sanguin pour assurer les fonctions inhérentes au corps.

Vous savez déjà que les neurones du cerveau sont d'importants consommateurs d'oxygène. Et vous savez également que l'oxygène pénètre votre corps, pour le sixième, par la peau. Ainsi, lorsqu'on dit que le corps entier respire, c'est bien la vérité. Donc, essayez de ressentir cette respiration totale jusqu'au plus profond de vous-même.

Vous pouvez retrouver certains exercices de ce livre enregistrés sur la cassette
LA REUSSITE PAR LA SOPHROLOGIE

CHAPITRE I
Pratique

CHAPITRE III
Exercice 1

CHAPITRE IV
Exercice 1
Exercice 4

CHAPITRE V
Exercice 2
Exercice 4

CHAPITRE VI
Exercice 3

CHAPITRE VII
Exercice 1 (A)
Exercice 1 (C)
Exercice 1 (E)
Exercice 3 (G)
Exercice 1 (H)
Exercice 2 (I)

CHAPITRE XIV
Exercice 4

La musique d'accompagnement de cette cassette a été composée par Marc Raymond
(9, pont de Ville, CH - 1224 Chêne-Bougeries)

Du même auteur, aux Editions Vivez Soleil :

Vaincre par la sophrologie

Cassettes :

Sophrologie et sport
Méthode de stimulation de la mémoire
Entraînement bilatéral du cerveau
Vaincre par la sophrologie
La réussite par la sophrologie

Du même auteur, chez d'autres éditeurs :

Sophrologie et sports (Ed. Chiron - Au Signal)
Evolution et sophrologie - demain l'homme
(Ed. Chiron - Au Signal)
Tout savoir sur la sophrologie (Ed. P.-M. Favre)
Votre alimentation, symboles - énergie
(Ed. Chiron - Au Signal)

Cassettes :

Sport 1 (préparation à la compétition)
Sophrologie et cancer (préparation à la chimiothérapie)
S D N (sophrodéplacement du négatif, sophroprésence immédiate)

Ces trois cassettes peuvent être obtenues au Collège international de sophrologie médicale, av. de la Gare 50, CH-1003 Lausanne.

ADRESSES UTILES

Collège de sophrologie médicale
Secrétariat : 50 avenue de la Gare
CH - 1003 Lausanne
tél. : (021) 312 79 54

Association suisse de sophroprophylaxie
Secrétariat : 138 chemin Crêtets
CH - 2300 La Chaux-de-Fonds
tél. : (039) 26 55 96

Organisation des séminaires
Bureau : 138 chemin Crêtets
CH - 2300 La Chaux-de-Fonds
tél. : (039) 26 55 96

LES EDITIONS VIVEZ SOLEIL

Nous sommes de plus en plus nombreux à désirer nous rapprocher de la nature, donner une part plus grande à la créativité personnelle et vivre pleinement dans un monde en changement constant. Pour cela, il nous faut découvrir les principes de santé et d'harmonie nous permettant d'améliorer notre relation avec nous-mêmes, nos proches et le monde dont nous faisons partie.

Les méthodes de santé sont actuellement multiples et variées. Qu'elles soient issues des traditions anciennes ou des études scientifiques modernes, il est important de percevoir leur complémentarité pour faire ensuite librement ses choix et agir en se prenant en charge.

Les EDITIONS VIVEZ SOLEIL présentent des chemins possibles, montrent des directions, en se situant au-delà des querelles d'école et en respectant les convictions et préférences de chacun. D'un livre à l'autre se multiplient les occasions de prise de conscience et de compréhension. Si les expériences proposées nous attirent, nous sommes invités à *vivre toujours plus au pays du bien-être :* favoriser notre santé et notre épanouissement, développer nos ressources personnelles et notre connaissance de nous-mêmes dans une approche globale tenant compte de toutes les dimensions de l'être humain : physique, émotionnelle, mentale et spirituelle.

Les livres signés « Docteur Soleil » sont le fruit du travail d'équipe de personnes de tous horizons pour réaliser des synthèses dans un langage simple et pédagogique. Ils s'appuient sur la documentation fournie par la FONDATION SOLEIL de Genève dans les domaines de la santé et du bien-être.

Les livres, les cassettes audio et les cassettes vidéo que nous publions sont sélectionnés pour la qualité de leur information ou la beauté de leur message. Tous visent à nous permettre d'entrer dans une conscience de la vie plus large, plus joyeuse et plus libre.

Demandez notre catalogue gratuit à :

EDITIONS VIVEZ SOLEIL

32, avenue Petit-Senn	ou	**z.a. de l'Eculaz**
CH-1225 Chêne-Bourg, Genève		**F-74930 Reignier**
Tél. (022) 349 24 70		**Tél. 50.43.47.92**
Fax. (022) 348.96.80		**Fax. 50.95.77.42**

Cassettes vidéo

	SFR	FF.
■ Apprendre à se nourrir	39.–	149.–
■ Rire c'est la santé	59.–	229.–
■ Secrets tibétains de jeunesse et vitalité	59.–	229.–
■ La médiumnité dans la vie quotidienne	54.–	209.–
■ Quel est le sens de la maladie	39.–	149.–
■ Les survivants du Sida	39.–	149.–
■ La Mort, un pont vers la vie	39.–	149.–
■ De victime à vainqueur	49.–	189.–

	SFR	FF.
CATALOGUE sur VIDÉO des publications Soleil	7.–	28.–

Cassettes audio

ALIMENTATION SAINE	SFR	FF.	
Alimentation des sportifs**	27.–	98.–	▲
Alimentation vivante	22.–	75.–	
Nutrition et maladies	16.–	60.–	▲
SANTÉ			
Anatomie du corps énergétique**	32.–	130.–	
Arrêter de fumer c'est facile**	27.–	98.–	
Exercices de régénération visuelle	25.–	85.–	
Expériences de santé	16.–	60.–	▲
Hygiène intestinale	16.–	60.–	▲
La santé ça s'apprend**	27.–	98.–	▲
La thérapie par le rire	22.–	75.–	
L'équilibre émotionnel	16.–	60.–	▲
L'équilibre mental	22.–	75.–	
L'équilibre physique	22.–	75.–	
Notre corps, pays à explorer	16.–	60.–	▲
Remèdes fleurs Dr Bach	16.–	60.–	▲
Savoir mieux voir**	27.–	98.–	
Secrets super forme physique**	32.–	130.–	
Se guérir de la peur du Sida	16.–	60.–	▲

DÉVELOPPEMENT PERSONNEL	SFR	FF.	
Eviter le cancer**	32.–	130.–	
Détente par la musique rotative	25.–	85.–	
Entraînement bilatéral du cerveau	25.–	85.–	
Pratique de la visualisation créatrice	25.–	85.–	
Explorer son monde intérieur**	32.–	130.–	
Laissez vivre l'enfant en vous	16.–	60.–	▲
La pensée positive**	32.–	130.–	
Les 4 éléments de l'homme	16.–	60.–	▲
Méthode de stimulation de la mémoire	25.–	85.–	
Réconcilier l'homme et la femme**	27.–	98.–	▲
Sophrologie et sport	25.–	85.–	
Vaincre par la Sophrologie	25.–	85.–	
Les cassettes de Louise Hay			
Cancer	25.–	85.–	
Créez votre santé	25.–	85.–	
Et si nous parlions de votre vie	25.–	85.–	
Sida. Une approche positive	25.–	85.–	
EXPÉRIENCES SPIRITUELLES			
Au pays du sommeil	25.–	85.–	
L'Evangile Essénien de la Paix	28.–	99.–	
Santé et spiritualité**	27.–	98.–	▲
Utilise ce que tu es/L'homme qui plantait des arbres	25.–	85.–	
VOYAGES INTÉRIEURS			
A travers l'eau/Libre	25.–	85.–	
Grotte de cristal/Les Grenouilles	25.–	85.–	
Le vieil homme et la forêt	25.–	85.–	
Sur le cheval des rêves	25.–	85.–	
La méditation du sourire/L'être de lumière	25.–	85.–	

** 2 cassettes – ▲ jusqu'à épuisement du stock

AMÉLIOREZ VOS PERFORMANCES ET VOS ÉTATS DE CONSCIENCE PAR LA SOPHROLOGIE

Une musique composée par ordinateur qui utilise des longueurs d'ondes spéciales pour obtenir une complète détente physique et psychologique.

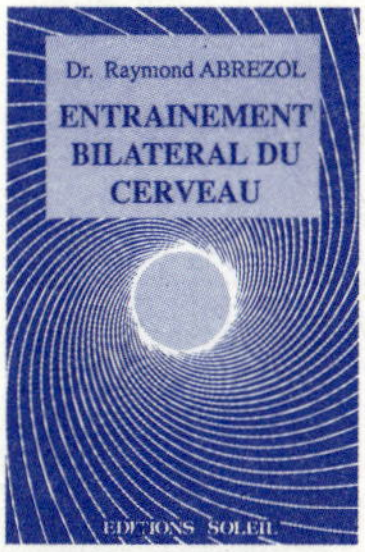

Seul 1% des 100 milliards de neurones du cerveau est utilisé ! Apprenez à développer le potentiel d'utilisation de l'hémisphère droit (l'intuitif, l'imaginatif, le créatif) et à équilibrer l'usage de l'hémisphère gauche (le rationnel, le logique, le matérialiste)

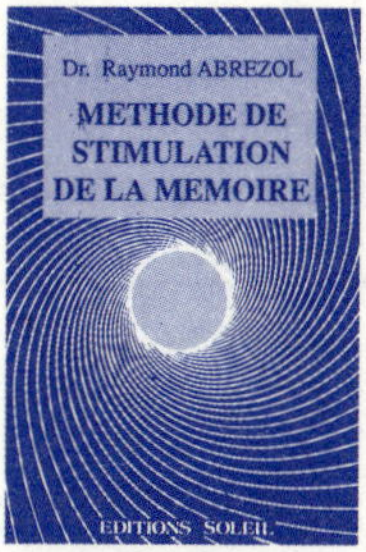

Une méthode simple et efficace, basée sur des expériences scientifiques et la sophrologie, pour apprendre très rapidement des langues étrangères ou mémoriser des textes.

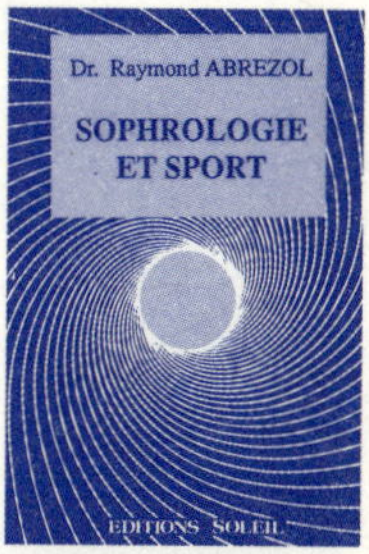

Programmez-vous mentalement pour réussir vos futures compétitions et gagnez! Une méthode à pratiquer les jours avant et une autre à pratiquer le jour-même

Prix des cassettes: FS 25.-/ FF 85.-

Livre du même auteur: **VAINCRE PAR LA SOPHROLOGIE**

248 pages

Un chemin précieux pour se délivrer des tensions de la vie moderne.
L'éducation que l'on reçoit nous apprend trop souvent à réprimer nos émotions et à ne pas laisser à notre corps de moments de détente et de régénération. L'éducation de soi-même permet de cesser de subir les agressions multiples du monde moderne en utilisant des techniques simples et efficaces pour progresser vers l'équilibre physique, émotionnel, mental et spirituel.
Chacun peut apprendre à retrouver, en quelques instants, **le calme intérieur et l'énergie profonde qui nous régénèrent constamment.**

Plusieurs éditeurs œuvrant pour un idéal convergent ont décidé d'unir leurs efforts, remplaçant la compétition par la coopération. Nos partenaires sont les Editions AMRITA, LE SOUFFLE D'OR, L'OR DU TEMPS, DIEM (cassettes) et LE CHANT DES TOILES (cartes et posters).

LES MESSAGERS DE L'EVEIL mettent en commun leurs forces, tout en préservant l'identité de chacun.

LES EDITIONS VIVEZ SOLEIL invitent leurs lecteurs à soutenir l'édification de ce réseau de lumière en germination.

Nos lecteurs trouveront dorénavant nos ouvrages sous le nom "Editions Vivez Soleil". Toutefois, certaines de nos anciennes publications sont encore disponibles sous le nom "Editions Soleil".

Achevé d'imprimer en avril 1993
sur les presses de l'imprimerie Darantiere à Quetigny.
Imprimé en France.

Dépôt légal: 2e trimestre 1991.
N° d'impression: 195